Mein Caravan-Kochbuch

International
684

Monica Rivron

Mein Caravan-Kochbuch

köstlich · einfach · schnell

Aus dem Englischen von Ulrike Kretschmer

Inhalt

Vorwort

Geht es nur mir so, oder schmeckt Essen im Freien wirklich besser? Ich muss ehrlich zugeben: Als wir das erste Mal zu einem Campingurlaub aufbrachen, waren wir völlig ahnungslos. Ich wusste noch nicht einmal, dass ein Wohnwagen vorn und hinten Stabilisatoren hat. Immerhin schien dieses lustige kleine radähnliche Ding an der Deichsel seinen Job, den Wohnwagen möglichst ruhig zu halten, recht gut zu machen. Und mit tollen Cafés und Restaurants im Umkreis von 25 Kilometern rund um jeden Campingplatz schien der Versuch, selbst etwas kochen zu wollen, vollkommen abwegig. Wir hatten Urlaub, und im Urlaub wäscht man nicht ab, basta!

Bei unserem ersten Campingurlaub waren wir also noch weit davon entfernt zu erkennen, dass man in Zelt, Wohnwagen oder Wohnmobil nicht nur vernünftig kochen kann, sondern dass das, was dabei herauskommt, auch noch fantastisch schmeckt. Das hat sich natürlich geändert, nachdem wir unseren Grill gekauft hatten, und eine Zeit lang waren wir mehr als zufrieden mit dem, was wir auf den Grillrost warfen. Doch nach einer Weile fanden wir heraus, dass es nicht allzu viele Möglichkeiten gibt, ein Hühnchen zu grillen.

Was Camping angeht, sind wir echte Spätzünder. Man musste uns gewissermaßen erst zum Jagen tragen; man könnte auch sagen, wir wurden zwangsrekrutiert ... Ich arbeitete schon eine Weile für die BBC-Sendung *Holiday*, und eines Tages erhielt ich aus heiterem Himmel einen Anruf, ob die Familie Rivron – das sind außer mir meine Frau Monica und unsere Kinder Dan, Ella und der kleine Ned – nicht ein langes Wochenende im Norden Frankreichs verbringen wolle. Daraus sollte ein Kurzfilm über einen Do-it-yourself-Familienurlaub werden. Das klang gut. Die Kinder waren gerade in einem Alter, in dem so ziemlich alles Spaß macht, außer Gemüse essen. Warum also nicht?

Ich kann – oder will – mich nicht daran erinnern, was genau meine Frau sagte, als uns dämmerte, was der Begriff »Do-it-yourself-Familienurlaub« eigentlich bedeutet. Das entscheidende Wort war »Wohnwagen«. Ich kann mit Fug und Recht behaupten, dass weder meine Frau noch ich jemals irgendeinen Grund gehabt hatten, dieses Wort auch nur in den Mund zu nehmen. Wir waren einfach keine Camper, unsere Eltern waren keine, die Eltern unserer Eltern waren keine, und ich bin mir sicher, dass Campen davor für uns auch keine Urlaubsoption gewesen war – erst recht nicht, wenn man im Norden Londons wohnt.

Und nun sollten wir nicht nur einen verdammt großen Wohnwagen nach Frankreich schleppen, sondern dort auch noch darin Urlaub machen! Geht's noch? Da unter diesen Voraussetzungen das Schlimmste zu befürchten stand, hatte der Caravan Club in weiser Voraussicht ein Cottage auf dem Campingplatz angemietet, damit die Familie wenigstens irgendwo schlafen konnte, sollte sich die Umstellung als unerträglich erweisen.
Vielleicht sollte ich an dieser Stelle erwähnen, dass die Vorstellung der Familie Rivron von einem Urlaub bis dato darin bestanden hatte, vor den Toren Londons ein Flugzeug zu besteigen, acht bis neun Stunden später in Orlando, Florida, anzukommen und dort umgehend das gesamte Urlaubsbudget an einen gewissen Micky Maus auszuhändigen. War das erledigt – es dauerte meist nicht lang –, bestiegen wir ein Flugzeug in Orlando, Florida, das uns wieder nach London brachte. Und so kann ich im Brustton der Überzeugung sagen, dass das, was uns auf dieser denkwürdigen Reise im September 2000 auf einem Campingplatz in La Bien Assise nur einen Steinwurf von der Nordküste Frankreichs entfernt widerfuhr, unser Leben veränderte: Wir waren schlichtweg begeistert von dieser Art, Urlaub zu machen!
In diesem Buch haben wir die Rezepte einiger unserer Lieblingsgerichte zusammengetragen, die während des Campens von Monica liebevoll zubereitet wurden und die wir alle mit großem Genuss verzehrt haben. Wir hoffen, es schmeckt Ihnen auch.
Es soll auch nicht unerwähnt bleiben, dass von uns beiden Monica die ausgebildete Küchenchefin ist, die an der Kochschule von Pru Leith gelernt hat. Ich habe vom Kochen ganz sicher nicht so viel Ahnung, schaffte es aber immerhin in die zweite Runde von Celebrity MasterChef, kann also das eine Ende des Messers vom anderen unterscheiden und Gemüse würfeln bis zum Umfallen. Und viel mehr darf ich auch nicht machen ...
Jetzt bist du dran, Monica!

Rowland Rivron

Bevor es losgeht

Essen ist für mich ein wichtiger Teil des Urlaubs. Viele meiner schönsten Erinnerungen kommen vom Esstisch. Es kommt oft vor, dass wir noch lange nach Mitternacht am Tisch sitzen und bei Kerzenlicht plaudern. Ich mag am liebsten gute, schlichte Gerichte, die der ganzen Familie schmecken.

Außerdem gehe ich gern einkaufen – ob nun auf einem Bauernhof in der Nähe oder auf dem Markt. Ich kaufe sogar gern in ausländischen Supermärkten ein. Mein Mann wird dann immer ganz ungeduldig, wenn ich durch die Reihen schlendere und die fremden Verpackungen und Etiketten studiere.

Dieses Buch ist eine Sammlung unserer Lieblingsrezepte. Die köstlichen, unkomplizierten Gerichte sind einfach und schnell zuzubereiten und vermitteln Ihnen nicht das Gefühl, den ganzen Urlaub lang in der heißen Wohnwagenküche geschuftet zu haben. Ich habe versucht, den Abwaschaufwand möglichst gering zu halten, und hatte auch ein Auge auf die Propangasflasche.

Den meisten unter Ihnen mag es merkwürdig vorkommen, aber ich liebe Regentage im Wohnwagen. Es ist so unglaublich gemütlich, wenn die ganze Familie in unserem kleinen Urlaubsdomizil Schutz sucht. Dann greife ich meist zu Rührschüssel und Kochlöffel und zaubere einen Kuchen oder eine andere Leckerei.

Alle Rezepte in diesem Buch wurden von uns wiederholt ausprobiert und in den vielen Jahren unserer Campingurlaube immer weiter verfeinert. Die Zutaten sind einfach und frisch und fast überall erhältlich. In einer fünfköpfigen Familie mit drei Kindern im Alter zwischen 10 und 15 gibt es immer einen hungrigen Magen zu füllen. Ich hoffe, dass auch Sie in diesem Buch ein paar inspirierende Ideen finden.

Viel Spaß beim Campen!

Monica

Das muss an Bord sein

Natürlich werden Sie die regionalen Supermärkte, den Laden auf dem Campingplatz und – am allerbesten – die Märkte in der Nähe Ihres Urlaubsorts nach köstlichen Zutaten durchstöbern; doch wenn Sie noch etwas Platz im Wohnwagen haben, empfiehlt es sich, den Vorratsschrank mit mehr als nur dem üblichen Tee, Kaffee und der Flasche Wein zu bestücken.

Die bei ambitionierten Hobbyköchinnen und -köchen verbreitete Abneigung gegen Fertigprodukte ist im Urlaub schierer Snobismus. Deshalb haben wir immer einen reichlichen Vorrat an Mayonnaise, Tomatenketchup und der urbritischen HP-Sauce im Gepäck. Die letztgenannte ist im deutschsprachigen Raum nicht überall zu bekommen. Am einfachsten geht es über Internet-Shops, z. B. *bright-britain.de*. In meinen Rezepten verwende ich außerdem ziemlich viel Pesto, zum einen weil es toll schmeckt und zum anderen weil Knoblauch oft spritzt, wenn man ihn durch die Presse drückt, und Sie bestimmt nicht wollen, dass für den Rest Ihres Urlaubs alles nach Knoblauch riecht. Besonders bei gemieteten Reisemobilen und Caravans ist es ratsam, diesen Tipp zu beherzigen.

Pesto gehört im deutschsprachigen Raum zwar zum Standardsortiment der Supermärkte, ist aber z. B. in Frankreich oft schwer zu bekommen, also nehme ich für den Fall der Fälle immer einen Vorrat davon mit. Es geht doch nichts über Nudeln mit Pesto am ersten Abend nach der Ankunft.

Unverzichtbar sind für mich auch Teriyaki- und Sukiyaki-Sauce. Teriyaki ist eine wunderbare Marinade und eignet sich hervorragend, um Hähnchen oder Rindfleisch vor dem Grillen einzulegen. Einfach das Fleisch in eine Schüssel legen, mit Teriyaki-Sauce übergießen und den ganzen Tag über oder auch nur 30 Minuten darin marinieren; dann das Fleisch nach Rezept weiter verarbeiten. Abgesehen davon, dass das Fleisch dadurch zart und mürbe wird, verleiht Teriyaki-Sauce dem Gericht auch ein sehr feines Aroma (siehe mein Rezept für »Fünf-Minuten-Rindfleisch aus dem Wok«, S. 66f.). Sukiyaki-Woksauce wiederum passt perfekt zu Fisch. Wir essen sehr gern gebratenen Seelachs; bevor er in die Pfanne kommt und in Butter gebraten wird, gebe ich einige Spritzer Sukiyaki-Sauce darüber – einfach köstlich.

Um den süßen Hunger zu stillen, sind der schottische Früchtekuchen Dundee Cake (siehe S. 18) und Bananenbrot (siehe S. 19) ideal, gerade für unterwegs. Sie halten sich mehrere Tage lang, sodass sie auch gut zu Hause gebacken und mitgenommen werden können. Sie können sie natürlich auch unterwegs zubereiten; da beide Kuchen jedoch eine relativ lange Backzeit haben, sollten Sie aufpassen, dass Ihnen das Gas nicht ausgeht! Allerdings weisen nur Reisemobile und Caravans der gehobenen Ausstattungsklassen einen Backofen auf. Aber die meisten modernen Campingplätze bieten einen Stromanschluss, und ein Minibackofen ist für kleines Geld zu haben.

Küchengeräte

Im Folgenden finden Sie eine Liste der Küchengeräte, die sich im Wohnwagen als nützlich erweisen können. Natürlich sollten Sie nicht zu viel mitnehmen, doch andererseits ist das richtige Arbeitsgerät manchmal entscheidend.
Ich persönlich finde den Slow Cooker – ein Gerät zum Garen bei niedrigen Temperaturen – einfach unverzichtbar. Darin können Sie Eintöpfe, Suppen und sogar Currys zubereiten, ohne wertvolles Gas zu verschwenden. Außerdem ist es toll, nach einem Ausflug zurückzukommen und ein Gericht zu genießen, das sich in der Zeit, in der Sie weg waren, selbst gekocht hat. Leckere Slow-Cooker-Rezepte finden Sie auf den Seiten 83 bis 91.
Außerdem bin ich ein großer Fan von Backformen aus Silikon. Sie müssen nicht mit Backpapier ausgelegt oder eingefettet werden und waschen sich quasi von selbst ab.

Töpfe und Pfannen
- 3 Kochtöpfe (klein, mittel, groß)
- 2 Bratpfannen (klein, groß)
- Grill(pfanne)
- Wok

Formen
- Auflaufform
- Großer Bräter
- 2 Backbleche
- Tarteform
- Kastenform (24 x 10 cm, 450 ml Füllmenge)
- Springform (20 cm Durchmesser)
- Muffinform
- Kuchengitter

Sonstiges
- Große Rührschüssel
- 3 kleine Rührschüsseln
- Kleiner Schneebesen
- Knoblauchpresse
- Palettenmesser
- Pfannenwender
- Käsereibe
- Backpinsel
- Schere
- Scharfe Messer (klein, mittel, groß)
- Küchenbrett
- 3 Kochlöffel
- Zitronenpresse
- Schaumlöffel
- Durchschlag
- Sieb
- Messbecher
- Nudelholz
- Küchenwaage
- Dosenöffner
- Sparschäler

Zum Grillen
- Grillzange
- Spieße aus Holz oder Metall

Elektrogeräte
- Wasserkocher
- Handrührer
- Pürierstab
- Slow Cooker (Schongarer)

Im Vorratsschrank

Grundausstattung
- Olivenöl
- Weißweinessig
- Nudeln, Reis und Couscous
- Mehl
- Backpulver
- Tomatenmark
- Pesto
- Tomaten-Basilikum-Sauce (aus dem Glas)

Dosenware
- Mais
- Kokosmilch
- Kichererbsen
- Adzukibohnen
- Limabohnen
- Kidneybohnen
- Thunfisch

Gewürze
- Brühwürfel
- Tabasco-Sauce (ohne die fährt Rowland nicht weg)
- Sojasauce
- Teriyaki-Sauce
- Sukiyaki-Sauce
- Dijonsenf
- Getrockneter Estragon
- Getrockneter Koriander
- Gemahlener Cayennepfeffer
- Gemahlener Kreuzkümmel (Cumin)
- Gemahlene Kurkuma (Gelbwurz)
- Safran
- Tandoori-Currypulver

CHIPIRONES
en su tinta
LULAS
UIDS
n ink
Peña
BONITO DEL N
ORTI
EN ESCABE
Pimentón de la
Denominación de Origen P
SANTO DOMI
Calidad:
AGRIDULCE

MOUSSE DE FOIE
DE CANARD

1. PICKNICK

Ich liebe Picknicks. Es ist so spannend, Päckchen zu packen und sie dann irgendwo anders in einer wunderschönen Umgebung wieder auszupacken. Mit dem süßen kleinen Picknickkorb, den ich in Frankreich gekauft habe, sind für uns viele schöne Erinnerungen verbunden.

Die Franzosen haben eine fantastische Picknickkultur, mit Tischen und Stühlen, Tischdecken und Einweggrills. Einmal stellte Rowland, von unseren französischen Nachbarn inspiriert, einen Campingtisch an einem sengend heißen Strand auf – nie wieder! Wir haben es lieber etwas weniger pompös auf einer Picknickdecke.

Dennoch benutze ich auch bei einem Picknick gern einen Teller und eine Gabel; Gerichte, für deren Verzehr man ein Messer braucht, meide ich allerdings. Hummus (Kichererbsenmus) und Karottenstifte gehören unbedingt dazu; sie überstehen die Fahrt gut, und falls ein kleiner Magen schon zu knurren beginnt, bevor man den Picknickort erreicht hat, kann man ihn damit eine Weile ruhigstellen. Auch Würstchen im Schlafrock (siehe S. 20f.) sind gut geeignet, den größten Hunger schon bei der Vorbereitung des Picknicks zu stillen.

Kuchen kommt bei jeder Mahlzeit im Freien gut an und kann schon vor der Abreise zu Hause zubereitet werden. Wenn Sie in der Nähe eines Cafés picknicken, können Sie Kuchen und Getränke auch dort kaufen; dann sind sie kühl und frisch und belasten den Picknickkorb nicht unnötig.

Dundee Cake

Diesen traditionellen schottischen Früchtekuchen können Sie schon ein paar Tage vor der Abreise backen, da er eine lange Backzeit benötigt und mit der Zeit immer besser wird. Er ist leicht zuzubereiten und liegt nicht schwer im Magen – ein idealer Urlaubskuchen.

etwas weiche Butter für die Form
150 g Butter
150 g Zucker
3 Eier, verquirlt
225 g Mehl, gesiebt
1 TL Backpulver
175 g Korinthen
175 g Sultaninen
50 g Zitronat
Saft von 1 Orange
50 g gemahlene Mandeln
50 g geschälte Mandeln

Den Ofen auf 180 °C (Gas Stufe 2–3) vorheizen. Eine Springform (18–20 cm ∅) einfetten.
Die Butter und den Zucker schaumig rühren, dann portionsweise die Eier hinzufügen. Mehl und Backpulver unter die Schaummasse rühren und Korinthen, Sultaninen und Zitronat unterheben. Den Orangensaft und die gemahlenen Mandeln zum Teig geben und alles gut verrühren.
Den Teig in die Springform füllen, die Oberfläche glatt streichen und die ganzen Mandeln kreisförmig darauf verteilen. Die Mandeln nicht zu sehr in den Teig drücken, da sie sonst einsinken. Den Kuchen auf der mittleren Schiene des Ofens backen.
Nach 2 Stunden eine Garprobe machen: Leicht auf die Oberfläche drücken. Federt sie zurück, ist der Kuchen fertig; ansonsten braucht er noch etwas. Am Ende der Backzeit den Kuchen auf ein Kuchengitter geben, abkühlen lassen und bis zum Verbrauch in einem Behälter luftdicht verpacken.

Bananenbrot

Bananenbrot eignet sich hervorragend fürs Picknick, aber fast noch besser für die Reise. Da auch dieser Kuchen eine sehr lange Backzeit hat, bereiten Sie ihn am besten vor der Abreise zu und genießen ihn unterwegs. Ein Freund , der uns ein wenig beim Dekorieren geholfen hat, beschrieb das Bananenbrot einmal als »Geschmacksexplosion im Mund«!

etwas weiche Butter für die Form
75 g Butter
100 g Zucker
1 Ei, leicht verquirlt
225 g Mehl, gesiebt
2 TL Backpulver
4 Bananen, zerdrückt
Saft von 1 Orange
200 g Späne von weißer Schokolade

Den Ofen auf 180 °C (Gas Stufe 2–3) vorheizen. Eine Kastenform (24 x 10 cm) einfetten.

Die Butter und den Zucker schaumig rühren, dann das Ei unterrühren. Mehl und Backpulver unter die Schaummasse rühren. Die Bananen und den Orangensaft dazugeben, das Ganze mit der weißen Schokolade bestreuen und alles gut verrühren. Den Teig in die Kastenform füllen und im heißen Ofen 1 Stunde backen. Am Ende der Backzeit Garprobe machen. Der Kuchen ist fertig, wenn er bei Fingerdruck in der Mitte federnd nachgibt.

Das Bananenbrot aus dem Ofen nehmen, 10 Minuten in der Form abkühlen lassen und zum vollständigen Abkühlen auf ein Kuchengitter stürzen. Bis zum Verzehr in einem luftdicht verschließbaren Behälter aufbewahren.

Würstchen, Lauch und Mozzarella im Schlafrock

Die Teigröllchen halten sich in einem luftdicht verschlossenen Behälter sehr gut, was sie zum idealen herzhaften Snack für den Strand oder eine Wandertour macht. Auch aufgewärmt und mit Salat oder eingelegtem Gemüse schmecken sie hervorragend. Wir nehmen auf Reisen und zu Ausflügen immer welche mit, weil sie die perfekte Alternative zu Süßem sind, sollten die Kinder zwischendurch Hunger bekommen.
Wenn Sie die Teigröllchen ein paar Mal zubereitet haben, werden Sie Lust bekommen, mit den Zutaten zu experimentieren. Rowland hat's gern scharf und würzt immer mit etwas Tabasco-Sauce oder Chiliöl nach. Nehmen Sie ruhig fertigen Blätterteig – Sie haben Urlaub!

Für 8 Röllchen

400 g Blätterteig (TK)
6 große Schweinswürste, insgesamt ca. 350 g
150 g Mozzarella
2 Zwiebeln
2 Stangen Lauch
20 g Butter
etwas Salz und schwarzer Pfeffer aus der Mühle
1 kleines Bund Petersilie, fein gehackt
Mehl zum Ausrollen
1 großes oder 2 kleine Eier, aufgeschlagen und verquirlt

Den Ofen auf 220 °C (Gas Stufe 4–5) vorheizen. Die Blätterteigplatten zum Antauen nebeneinander legen.
Das Schweinefleisch aus der Wurstpelle drücken und in eine Schüssel geben. Den Mozzarella zerpflücken und dazugeben. Die Zwiebeln schälen und in feine Würfel schneiden. Den Lauch putzen, waschen und in dünne Ringe schneiden.
Die Butter in einer großen Pfanne erhitzen und die Zwiebeln darin glasig dünsten. Den Lauch zu den Zwiebeln geben, kurz mit anschwitzen und mit 200 Milliliter Wasser ablöschen. Das Ganze kochen lassen, bis die Flüssigkeit nahezu vollständig verdampft ist.

Zwiebeln und Lauch zu dem Schweinefleisch und dem Mozzarella in die Schüssel geben, alles mit Salz und Pfeffer würzen und mit einem Kochlöffel oder mit den Händen gründlich vermengen. Die gehackte Petersilie unter die Masse mischen und diese beiseitestellen.
Die Arbeitsfläche und das Nudelholz mit etwas Mehl bestäuben. Den Blätterteig zu einem Rechteck ausrollen; dabei darauf achten, dass er nicht zu dünn wird. Den Teig in der Mitte in zwei längliche Streifen schneiden.
Die Fleisch-Käse-Gemüse-Mischung der Länge nach in der Mitte eines jeden Teigstreifens verteilen. Das geht am besten, wenn man die Wurstmasse mit bemehlten Händen zu zwei langen Rollen formt. Den einen Rand der Teigplatten über die Füllung schlagen, den anderen mit dem verquirlten Ei bestreichen, ebenfalls über die Füllung schlagen und am Rand gut festdrücken.
Jede Teigrolle in 4 Stücke schneiden und mit dem restlichen Ei bestreichen. Die Röllchen auf ein mit Backpapier ausgelegtes Backblech legen und im heißen Ofen in etwa 25 Minuten goldgelb backen.

Zerdrücktes Baguette-Sandwich

Zugegeben: Das klingt nicht wirklich nach Grande Cuisine, ist aber unwiderstehlich köstlich! Wir nehmen die Baguette-Sandwiches immer mit an den Strand. Ein normales Baguette ergibt 3 Sandwiches.

Für 6 Sandwichs
1/2 Kopf Eisbergsalat
2 Baguettes
4 EL grünes Pesto
200 g Gruyère oder Emmentaler in dünnen Scheiben
200 g gekochter Schinken in dünnen Scheiben
2 EL Mayonnaise

Den Eisbergsalat waschen, trockenschütteln und in etwa 1 cm breite Streifen schneiden
Das Baguette längs aufschneiden und jede Hälfte mit jeweils 1 Teelöffel Pesto bestreichen. Den Käse auf den Unterseiten der Baguettes verteilen, die Oberseiten mit dem Schinken belegen und mit je 1 Esslöfel Mayonnaise bestreichen. Den Eisbergsalat auf die Mayonnaise häufen.
Die Baguettehälften wieder zusammenlegen, fest in Klarsichtfolie wickeln und anschließend kräftig mit den Handflächen platt drücken – auf diese Weise saugt sich das Brot mit Pesto voll und die anderen Zutaten werden zusammengedrückt. Eine wahre Sandwichsensation! Die Baguettes vor dem Servieren in jeweils 3 Sandwiches aufschneiden.

Vegetarische Pasteten

Die Pasteten sind nicht nur köstlich, sondern auch vielseitig verwendbar. Sie können sie warm mit Salat als Hauptgericht servieren oder kalt bei einem Picknick genießen. Fertiger Mürbteig ist nicht überall zu bekommen. Er lässt sich aber gut vorbereiten und in der Kühlbox mitnehmen. Notfalls kann man ihn auch durch Blätterteig aus dem Tiefkühlregal ersetzen.

Für 6 Pasteten
250 g Mehl
½ TL Salz
125 g eiskalte Butter
1 Eigelb
1 Mozzarella, fein gewürfelt
20 g Butter
100 g Champignons, im Scheiben geschnitten
2 Stangen Lauch, in feine Ringe geschnitten
1 rote Paprikaschote, fein gehackt
Salz und schwarzer Pfeffer aus der Mühle
1 Ei, aufgeschlagen und verquirlt

Den Ofen auf 200 °C (Gas Stufe 3–4) vorheizen. Das Mehl auf ein Backbrett sieben und das Salz darüberstreuen. Die Butter in Stücken auf dem Mehl verteilen und mit dem Messer einhacken, bis die Masse krümelig ist. Das Eigelb mit 2 Esslöffel kaltem Wasser zum Mehl geben und das Ganze zügig zu einem glatten Teig verarbeiten. Den Teig zu 6 Kugeln formen, diese in Klarsichtfiolie wickeln und mindestens 1 Stunde kühlen.
Den Mozzarella in eine Schüssel geben. Die Butter in einer Pfanne erhitzen und Champignons, Lauch und Paprika darin unter wiederholtem Umrühren weich dünsten. Die Mischung zum Mozzarella geben, salzen und pfeffern und alles gut mit einem Holzlöffel vermengen.
Den Mürbeteig zu etwa 3 Millimeter dicken runden Fladen ausrollen. Die Füllung gleichmäßig auf den Teigfladen verteilen, dabei den Rand freilassen. Die Teigränder mit verquirltem Ei bestreichen. Die Teigfladen zusammenklappen, zu Halbkreisen zusammendrücken und im heißen Ofen in etwa 20 Minuten goldbraun backen.

Hühnercurry

Das ist ein so praktisches Gericht, dass ich das Rezept hier einfach aufnehmen musste. Und alle mögen es. Sie können das Hühnchen als Hauptgericht mit Reis servieren, Sandwiches damit belegen oder es zum Picknick mitnehmen – es schmeckt in allen Lebenslagen gut.

Für 4 Personen
4 Hähnchenbrustfilets
200 ml Geflügel- oder Gemüsebrühe
1 Zwiebel, gewürfelt
20 g Butter
100 ml Weißwein
1 EL mildes Currypulver
1 EL Aprikosenmarmelade
4 EL Mayonnaise
50 g Crème double
50 g Walnüsse, gehackt
1 EL Petersilie, gehackt
Salz und schwarzer Pfeffer aus der Mühle

Den Ofen auf 180 °C (Gas Stufe 2–3) vorheizen. Die Hähnchenbrustfilets in eine feuerfeste Form legen, die Brühe angießen und das Fleisch etwa 20 Minuten im Ofen garen, in der Garflüssigkeit abkühlen lassen, herausnehmen, abtrocknen und in kleine Stücke schneiden.
Inzwischen die Zwiebel schälen und in feine Würfel schneiden. Die Butter in einer Kasserolle erhitzen, die Zwiebel darin glasig dünsten, mit dem Weißwein ablöschen und mit Currypulver bestäuben. Das Ganze 3 Minuten köcheln lassen, dann Aprikosenmarmelade, Mayonnaise, Crème double, Walnüsse und Petersilie dazugeben und alles gut vermengen. Zuletzt das Hähnchenfleisch in die Sauce geben, das Ganze mit Salz und Pfeffer abschmecken und vor dem Servieren noch einige Minuten ziehen lassen.

Reissalat à la Rivron

Der Reissalat à la Rivron verdankt seinen Namen der Tatsache, dass er sehr oft auf den Tisch kommt, wenn wir mit dem Wohnwagen unterwegs sind. Er ist sehr vielseitig: Man kann ihn zum Picknick einpacken, zu Gegrilltem servieren und als leichtes Mittagessen genießen.

Für 4 Personen
400 g Reis
4 Scheiben gekochter Schinken, in kleine Stücke geschnitten
250 g Mais (aus der Dose)
20 g Butter
3 EL Olivenöl
100 g Champignons, in Scheiben geschnitten
1 TL gemahlener Kreuzkümmel (Cumin)
50 g Pinienkerne
100 ml Gemüsebrühe
2 EL Weißweinessig
1 Prise Zucker
Salz und schwarzer Pfeffer aus der Mühle

Den Reis mit mindestens der doppelten Menge Wasser in einen Topf geben, zum Kochen bringen und anschließend etwa 12 Minuten köcheln lassen, bis der Reis das Wasser aufgenommen hat. Den gegarten Reis zusammen mit dem gekochten Schinken und dem Mais in eine große Schüssel geben.
Die Butter in einer kleinen Pfanne zerlassen und die Champignons darin goldbraun braten. Die Pilze zum Reis geben. In derselben Pfanne 1 Teelöffel Olivenöl erhitzen und den Kreuzkümmel hineinstäuben. Sobald er zu duften beginnt, die Pinienkerne hinzufügen und vorsichtig goldbraun rösten. Die gerösteten Pinienkerne zum Reissalat geben.
Die Brühe, den Essig und das restliche Olivenöl zu einer Marinade verrühren, mit Zucker, Salz und Pfeffer abschmecken, über den Reissalat gießen und alles gut vermengen.
Den Reissalat entweder sofort lauwarm servieren oder im Voraus zubereiten und kühl auf den Tisch bringen.

Hähnchen-Satayspieße

Dieses Rezept sollten Sie wählen, wenn Sie Zeit und Freude haben an der Zubereitung der verschiedenen Bestandteile des Gerichts: der Marinade für das Hähnchenfleisch und der Sataysauce. Mein toller Assistent Rowland hat alle Hände voll zu tun, wenn bei uns Hähnchen-Satayspieße auf dem Speiseplan stehen! Die Sataysauce kann schon im Voraus zubereitet werden. Übrigens: Das Hähnchen schmeckt auch großartig ohne Sataysauce in Pita-Brot mit Hummus und Salat.

Für 4 Personen
4 Hähnchenbrustfilets
5 cm frische Ingwerwurzel
8 Knoblauchzehen
100 ml Sherry Medium Dry
2 EL Sojasauce
Holzspieße
2 Schalotten
2 rote Chilischoten
Saft von ½ Limette
1 EL Sesamöl
150 g grobe Erdnussbutter
1 TL feiner brauner Zucker
Salz und schwarzer Pfeffer aus der Mühle
2 EL Olivenöl

Das Hähnchenfleisch in dünne Streifen schneiden. Ein 3 cm langes Stück Ingwerwurzel sowie 6 Knoblauchzehen schälen und in feine Würfel schneiden. Sherry, Sojasauce, Ingwer und Knoblauch in einer Schüssel verrühren und das Hähnchenfleisch darin mindestens 1 Stunde, besser über Nacht marinieren. Die Holzspieße gründlich wässern.
Für die Sataysauce die Schalotten, den restlichen Ingwer und die restlichen Knoblauchzehen schälen. Alles in sehr feine Würfel schneiden. Die Chilischoten längs halbieren, entkernen und in kleine Stücke schneiden.

Die Limette auspressen. Das Sesamöl in einer Pfanne erhitzen und die Schalotten darin anschwitzen. Nach etwa 1 Minute Chili, Ingwer und Knoblauch dazugeben und 2 Minuten mitbraten. Dabei ständig umrühren, damit die Mischung nicht anbrennt. Mit dem Limettensaft und 3 Esslöffel Wasser ablöschen. Die Erdnussbutter und den braunen Zucker unter die Sauce geben. Die Mischung duftet jetzt schon fantastisch! Die Sataysauce mit Salz und Pfeffer würzig abschmecken, in ein kleines Servierschälchen geben und beiseitestellen.

Das Hähnchenfleisch aus der Marinade nehmen und auf die gewässerten Holzspieße stecken. Mit einem Backpinsel überschüssige Ingwer- und Knoblauchwürfelchen abstreifen. Das Olivenöl in einer Grillpfanne erhitzen, die Hähnchenspieße darin goldgelb braten und sofort mit der Sataysauce servieren.

Pikanter Couscoussalat

Der pikante Couscoussalat ist, wie der Name schon vermuten lässt, sehr würzig. Wenn Sie es nicht so gern scharf haben, können Sie auch weniger Chiliflocken verwenden oder diese ganz weglassen.

Für 4 Personen
200 g Couscous
250 ml Hühnerbrühe
20 g Butter
1 rote Paprikaschote
1 Stück Salatgurke, ca. 6 cm lang
3 EL Olivenöl
50 g Pinienkerne, 1 TL Chiliflocken
8 kleine oder 4 große Frühlingszwiebeln, in feine Ringe geschnitten
Saft von 1 Limette
etwas Salz und schwarzer Pfeffer aus der Mühle
6 Blättchen Minze, fein gehackt
6 Blätter Basilikum, fein gehackt

Den Couscous in eine große Schüssel geben und mit der Brühe übergießen. Die Butter dazugeben, alles mit einer Gabel verrühren und abkühlen lassen.
Die Paprikaschote waschen, von Stielansatz und Kernen befreien. Die Gurke waschen, das Gemüse in kleine Stücke schneiden.
1 Teelöffel Olivenöl in einer Pfanne erhitzen und die Paprikastückchen darin anbraten. Nach 2 Minuten Pinienkerne und Chiliflocken dazugeben und mitbraten, bis die Pinienkerne eine goldbraune Farbe angenommen haben. Das Ganze zusammen mit den Gurkenstückchen und den Frühlingszwiebeln zum Couscous geben. Den Limettensaft und das restliche Olivenöl angießen, den Couscous mit einer Gabel gründlich durchrühren und mit Salz und Pfeffer abschmecken. Zum Schluss die Minze und das Basilikum unterrühren. Den Couscoussalat vor dem Servieren in einem luftdicht verschließbaren Behälter mehrere Stunden ziehen lassen.

Falafel

Falafeln sind der ideale Picknicksnack: Sie sind schnell gemacht und können schon am Vortag zubereitet und in einem luftdicht verschlossenen Behälter aufbewahrt werden.

Für 12 Stück
400 g Kichererbsen (aus der Dose)
1 Zwiebel, fein gehackt
4 Knoblauchzehen, zerdrückt
3 TL Tahini (Paste aus fein gemahlenen Sesamkörnern, erhältlich im Supermarkt oder Bioladen)
1 TL gemahlener Koriander
1 TL gemahlene Kurkuma (Gelbwurz)
1 TL gemahlener Kreuzkümmel (Cumin)
1 große Prise Salz
2 EL Mehl, gesiebt
reichlich Olivenöl zum Braten

Die Kichererbsen in ein Sieb abgießen, abspülen und abtropfen lassen. Die Zwiebel schälen und fein hacken, die Knoblauchzehen schälen. Die Kichererbsen mit den Zwiebeln, der Tahini-Paste, den Gewürzen und dem Salz in eine Schüssel geben. Die Knoblauchzehen hineinpressen und die Masse mit einer großen Gabel zerdrücken und vermengen. Mit bemehlten Händen aus der Masse 12 kleine Bällchen formen und diese etwas flach drücken.
Eine tiefe Pfanne knapp 1 Zentimeter hoch mit Olivenöl füllen und das Öl erhitzen. Sobald es zu brutzeln beginnt, die Falafeln hineingeben und etwa 2 Minuten auf jeder Seite braten. Aus der Pfanne nehmen und auf Küchenpapier abtropfen lassen. Die Falafeln schmecken sowohl warm als auch kalt.

Parmaschinken-Pfirsich-Salat

Der perfekte Salat für einen heißen Sommertag! Er kann als leichtes Mittagessen oder als Beilage genossen werden.

Für 4 Personen
3 Pfirsiche
1 Mozzarella
8 Scheiben Parmaschinken
8 Blättchen Minze
Blattsalat nach Belieben; am besten Feldsalat oder Rucola

Die Pfirsiche waschen, halbieren und entsteinen. Jede Pfirsichhälfte in 4 bis 5 Spalten schneiden. Den Mozzarella halbieren und die beiden Hälften in je 6 bis 8 Scheiben schneiden. Den Parmaschinken in mundgerechte Stücke zupfen. Die Minzeblättchen abspülen, trockentupfen und sehr fein hacken. Den Salat waschen, trockenschleudern und in mundgerechte Stücke reißen. Die Salatstreifen auf einer Servierplatte anrichten, die restlichen Zutaten in die Mitte geben und vorsichtig vermengen. Der Parmaschinken ist so würzig und die Pfirsiche sind so fruchtig, dass der Salat kein Dressing braucht; einfach pur servieren.

Tipp: Wer es würziger mag, beträufelt die Salatblätter und die Mozzarellascheiben mit etwas Balsamico und Olivenöl extra vergine und bestreut die Mozzarellascheiben mit Salz und etwas Pfeffer aus der Mühle.

Thunfisch-Limabohnen-Salat

Der Thunfisch-Limabohnen-Salat eignet sich hervorragend als leichtes kaltes Mittagessen an einem heißen Tag und passt auch gut in den Picknickkorb.

Für 4 Personen
200 g Thunfisch (aus der Dose)
300 g Limabohnen (aus der Dose)
3 Frühlingszwiebeln
½ rote Paprikaschote
2 EL Mayonnaise
2 TL Zitronensaft
Salz und schwarzer Pfeffer aus der Mühle
1 EL Petersilie, fein gehackt

Den Thunfisch in ein Sieb abgießen, abtropfen lassen, in eine Schüssel geben und mit einer Gabel zerpflücken. Die Limabohnen ebenfalls in ein Sieb abgießen, abspülen, abtropfen lassen und zum Thunfisch geben.
Die Frühlingszwiebeln putzen, waschen und in feine Ringe schneiden, die Paprikaschote entkernen und in kleine Würfel schneiden. Frühlingszwiebeln und Paprikawürfel zu dem Thunfisch in die Schüssel geben, die Mayonnaise und den Zitronensaft dazugeben, alles gut vermischen und mit Salz und Pfeffer aus der Mühle abschmecken. Den Salat mit der Petersilie bestreuen und sofort servieren.

Kartoffelsalat mit Bacon

Der Salat geht als ganze Mahlzeit durch und darf eigentlich bei keinem Picknick fehlen. Ich bereite immer die doppelte Menge zu, da sich der Salat im Kühlschrank einige Tage lang hält.

Für 4 Personen
700 g Kartoffeln einer festkochenden Sorte
Salz
10 Frühlingszwiebeln
250 g Bacon, in kleine Würfel geschnitten
1 TL Dijonsenf
1 Prise Zucker
1 EL Weiß- oder Rotweinessig
Salz und schwarzer Pfeffer aus der Mühle
6 EL Olivenöl »extra vergine«
2 EL Mayonnaise
2 EL frischer Koriander, gehackt

Die Kartoffeln in einem Topf mit Salzwasser bedecken und knapp gar kochen. Die Kartoffeln etwas abkühlen lassen, schälen und in Scheiben schneiden.

Während die Kartoffeln kochen, die Frühlingszwiebeln putzen, waschen und in dünne Scheiben schneiden. Den Bacon in einer Pfanne auslassen, die Frühlingszwiebeln dazugeben und im Baconfett braten. Der Bacon sollte recht knusprig sein. Bacon und Frühlingszwiebeln zusammen mit den Kartoffeln in eine Salatschüssel geben.

Senf, Zucker, Essig, Salz und Pfeffer in einer kleinen Schüssel verrühren. Nach und nach das Olivenöl unterrühren, bis eine sämige Vinaigrette entsteht. Den Salat mit der Vinaigrette begießen, gut vermischen und abkühlen lassen.

Zum Schluss die Mayonnaise und den Koriander unter den abgekühlten Kartoffelsalat ziehen.

2. SALATE UND SNACKS

Wenn wir den Tag auf dem Campingplatz verbringen, macht es mir besonders viel Spaß, das Mittagessen zuzubereiten. Scheint die Sonne und ist die Campingarbeit erledigt, kann man den Sonnenschirm aufspannen und den Tisch für ein gemütliches Mittagessen im Freien decken. Dafür bereiten wir normalerweise zwei bis drei kleinere Gerichte zu, und Rowland macht einen Salat – denn es geht doch nichts über einen ansprechend angerichteten Salat aus frischem Obst und Gemüse, das man vormittags auf einem Markt in der Nähe eingekauft hat. Wurden dort schöne Melonen angeboten, sind Melone und Parmaschinken natürlich obligatorisch.

Ich habe immer etwas Thunfisch-Limabohnen-Salat (Rezept siehe S. 32) im Kühlschrank. Wenn die Kinder tropfnass vom Pool zurückkommen und verkünden, dass sie unmittelbar vor dem Verhungern stehen, kann ein Stück Baguette mit Thunfisch-Limabohnen-Salat die Rettung sein.

Keine-Zeit-Salat

Diesen Salat hat mein Mann Rowland erfunden – der Name dafür stammt allerdings von mir. Ich mag Salat am liebsten einfach, doch Rowland übertreibt es immer ein wenig mit der Vielfalt der Zutaten. Der »Keine-Zeit-Salat« ist ein prima Kompromiss und fast schon eine Mahlzeit für sich.

Für 4 Personen
$^1/_2$ Kopf Eisbergsalat
1 Handvoll Rucola
Einige Stängel Brunnenkresse
2 Stangen Sellerie
8 dicke Scheiben Salatgurke, geviertelt
8 Pflaumentomaten, halbiert
4 Frühlingszwiebeln
1 Handvoll gemischte Nüsse nach Belieben
$^1/_2$ TL Kreuzkümmel (Cumin)
3 EL Walnussöl oder Olivenöl
2 EL Weißweinessig
Salz und Pfeffer aus der Mühle

Den Eisbergsalat waschen, trockenschleudern, in grobe Stücke zupfen und in eine Salatschüssel geben. Rucola und Brunnenkresse waschen, trocknen und mit dem Eisbergsalat vermengen. Den Sellerie waschen und putzen, in mundgerechte Stücke schneiden und mit der Gurke und den Tomaten ebenfalls zum Salat geben. Die Frühlingszwiebeln waschen und putzen, längs in dünne Streifen schneiden und beiseitestellen.
Die Nüsse grob hacken. Etwas Öl in einer Pfanne erhitzen. Die Nüsse hineingeben und mit dem Kreuzkümmel bestreuen. Die Nüsse mit dem Kreuzkümmel goldbraun anrösten. Die Nüsse mit dem Bratöl über den Salat geben und den Salat mit Frühlingszwiebeln bestreuen.
Das restliche Öl mit dem Essig, Salz und Pfeffer zu einer Vinaigrette verrühren und den Salat damit beträufeln.
Wird der Salat mit einem Stück Lauch-Pilz-Tarte (Rezept siehe S. 47) serviert, ist er der perfekte Kompromiss zwischen Snack und voller Mahlzeit.

Überbackene Schinken-Lauch-Röllchen

Wenn Sie in letzter Zeit eher schwerere Mahlzeiten zu sich genommen und nun Lust auf etwas Leichtes haben, ist dieser Snack genau das Richtige für Sie.

Für 10 Stück
10 Stangen Lauch
etwas Salz
50 g Butter
50 g Mehl
400 ml Milch
100 g Cheddar, gerieben
½ TL Cayennepfeffer
etwas geriebene Muskatnuss nach Belieben
10 Scheiben Schinken mit Honigkruste
1 Handvoll Semmelbrösel

Den Backofen auf 200 °C (Gas Stufe 3–4) vorheizen. Den Lauch putzen und waschen. Dazu oben und unten kreuzförmig einschneiden und die Schichten etwas auseinanderspreizen, da sich darin oft Erde ansammelt.
In einem Topf Salzwasser zum Kochen bringen, den Lauch darin 5 Minuten garen, abgießen und abtropfen lassen.
Für die Käsesauce die Butter in einem weiteren Topf erhitzen. Das Mehl darüberstäuben und unter Rühren eine helle Mehlschwitze zubereiten. Die Milch angießen, die Sauce unter ständigem Rühren aufkochen und etwa 2 Minuten köcheln lassen. Käse, Cayennepfeffer und Muskatnuss dazugeben und rühren, bis der Käse geschmolzen ist. Die Sauce mit Salz mild abschmecken.
Jede Lauchstange mit 1 Scheibe Schinken umwickeln. Die Röllchen in eine feuerfeste Form legen, mit der Käsesauce begießen, mit den Semmelbröseln bestreuen und 20 Minuten im Ofen überbacken.
Dazu passt ein grüner Salat.

Tomaten-Basilikum-Tarte

Eine selbst gemachte Tarte schmeckt einfach wunderbar – diese lässt mit Tomate und Basilikum mediterrane Erinnerungen aufkommen und verströmt das üppige Aroma des Sommers. Noch authentischer schmeckt die Tarte mit etwas Mozzarella oder einem ähnlichen Weichkäse.

Für 4 Personen
etwas Öl für das Blech
200 g Kirschtomaten
400 g Blätterteig (aus dem Kühlregal)
2 EL Pesto
250 g Mozzarella, fein gewürfelt
Salz und schwarzer Pfeffer aus der Mühle
10 Blätter Basilikum, 1 Handvoll Rucola

Den Ofen auf 180 °C (Gas Stufe 2–3) vorheizen. Ein Backblech mit Öl bepinseln. Die Tomaten waschen und halbieren. Den Blätterteig auf die Größe des Backblechs ausrollen. Das Pesto mithilfe zweier Teelöffel in Häufchen auf den Blätterteig setzen; der Abstand zwischen den Häufchen sollte zu beiden Seiten etwa 2 Zentimeter betragen. Auf jedes Pestohäufchen eine halbe Kirschtomate setzen. Die Tomaten mit den Mozzarellawürfelchen bestreuen, leicht salzen und pfeffern und im heißen Ofen 20 Minuten backen.
Inzwischen das Basilikum und den Rucola waschen, trockenschütteln und in grobe Stücke reißen. Am Ende der Backzeit die Tarte vorsichtig auf eine Servierplatte oder ein Schneidebrett heben, mit Basilikum und Rucola bestreuen und noch warm servieren.

Moules marinières

An Miesmuscheln können Sie sich wirklich unbesorgt wagen – alles, was Sie dafür brauchen, ist ein großer Topf. Ansonsten bereiten sich die Muscheln fast von alleine zu, und wenn Sie an einer Küste Urlaub machen, finden Sie sicherlich einen Fischhändler in der Nähe, bei dem Sie ganz frische Muscheln bekommen. Ich schicke immer eins der Kinder zum Kiosk des Campingplatzes, um dort Pommes frites zu kaufen; ich liebe diese Kombination, und allein der Duft dieses Gerichts versetzt mich in Urlaubsstimmung. Reichen Sie aber in jedem Fall auch Baguette dazu, um die köstliche Sauce aufzutunken.

Für 4 Personen
2 kg Miesmuscheln
2 Zwiebeln, gehackt
3 Knoblauchzehen, zerdrückt
2 Stangen Sellerie, gehackt
50 g Butter
2 EL Olivenöl
200 ml Weißwein
220 g Crème double
Salz und schwarzer Pfeffer aus der Mühle
2 EL Petersilie, fein gehackt

Die Muscheln unter fließendem kaltem Wasser gründlich schrubben, dabei den Muschelbart entfernen. Bereits geöffnete Muscheln wegwerfen. Die Zwiebeln und die Knoblauchzehen schälen und zusammen mit den Selleriestangen fein hacken.
Die Butter und das Öl in einem großen Topf erhitzen und Zwiebeln, Sellerie und Knoblauch darin etwa 2 Minuten anschwitzen. Den Wein sowie 200 Milliliter Wasser angießen und das Ganze aufkochen lassen. Die Muscheln in den Sud geben und zugedeckt bei geringer Hitze dämpfen. Dabei gelegentlich am Topf rütteln, damit sich die Muscheln öffnen. Das dauert 5 bis 6 Minuten. Die Muscheln in ein Sieb abgießen und den Sud auffangen. Muscheln, die sich nicht geöffnet haben, wegwerfen.
Den Muschelsud in einen Topf gießen, die Crème double unterrühren, etwas einkochen lassen und mit Salz und Pfeffer abschmecken.
Die Muscheln in eine Schüssel geben, mit der Sauce begießen und mit der Petersilie bestreuen.

Calamari fritti

Dieses Gericht kennen viele sicherlich aus dem Restaurant, doch zu Hause hat sich wahrscheinlich kaum jemand an die Zubereitung gewagt. Am besten frittieren Sie die Calamari im Wok, Sie können ersatzweise aber auch einen großen Topf verwenden. Ich kaufe den Tintenfisch immer bereits küchenfertig, sonst ist mir der Aufwand zu groß.

Für 4 Personen
600 g küchenfertiger Tintenfisch
100 g Mehl
½ TL Cayennepfeffer
½ TL Paprikapulver
1 Ei
300 ml Olivenöl
Salz

Den Tintenfisch waschen, trockentupfen und in etwa 1 Zentimeter dicke Ringe schneiden. Das Mehl in eine kleine Schüssel sieben und mit dem Cayennepfeffer und dem Paprikapulver verrühren. In einer zweiten kleinen Schüssel das Ei verquirlen.
Das Öl im Wok oder einem großen Topf auf 180 °C erhitzen. Den Stiel eines Holzkochlöffels ins heiße Öl tauchen. Wenn dabei Bläschen aufsteigen, ist die Temperatur richtig.
Die Tintenfischringe portionsweise zunächst im Mehl, dann im Ei wenden und etwa 2 Minuten im heißen Öl frittieren. Sollten welche aneinander kleben, mit einem Schaumlöffel trennen. Die goldbraun frittierten Ringe aus dem Öl nehmen und auf Küchenkrepp abtropfen lassen.
Die Tintenfischringe in eine Servierschüssel geben und großzügig salzen. Nach Belieben mit Zitronenschnitzen und Mayonnaise oder Knoblauchmayonnaise servieren.

SALUTI DA

Süßscharfe Garnelen

Wenn Sie am Meer Urlaub machen, ist es ein besonderer Genuss, fangfrische Meeresfrüchte auf den Tisch zu bringen. Dieses Garnelenrezept ist sehr einfach; wir haben es aus einem wunderschönen Restaurant in La Plantar in der Nähe von Biarritz, das direkt am Strand liegt und für seine delikaten Gerichte aus Meeresfrüchten berühmt ist.

Für 4 Personen
Saft von ½ Zitrone
4 Knoblauchzehen, zerdrückt
1 EL Butter
1 TL Zucker
1 Prise Chiliflocken
300 g geschälte und vorgegarte Riesengarnelen

Zitronensaft, Knoblauch, Butter, Zucker und Chiliflocken in einen Wok geben und langsam erhitzen, bis die Butter geschmolzen ist und sich der Zucker aufgelöst hat. Die Hitze erhöhen, die Garnelen in den Wok geben und unter ständigem Rühren 3 bis 4 Minuten in der Buttermischung schwenken. Da sie bereits vorgegart sind, brauchen sie keine längere Garzeit.
Die Garnelen anrichten, mit der Buttermischung beträufeln und mit Baguette und Salat servieren.

BEACH

CARTE POSTALE

Garnelen-Rucola-Risotto

Dieses ausgesprochen köstliche Gericht eignet sich besonders, wenn es großen Hunger zu stillen gilt. Sie brauchen dafür nur einen einzigen Topf, und servieren können Sie das Ganze nicht nur auf Tellern, sondern auch in Schälchen. Ich verwende dafür immer relativ große Garnelen, verzichte aber auf das Aufschlagen des fertig gegarten Risottos mit Butter und Parmesan, damit das Gericht sommerlich leicht bleibt.

Für 4 Personen
2 Zwiebeln, fein gehackt
1 Stange Sellerie, fein gehackt
3 Stangen Lauch, in feine Ringe geschnitten
50 g Butter
500 g Risottoreis (z.B. Arborio)
300 ml Weißwein
1 l Brühe
200 g geschälte und vorgegarte Garnelen
60 g Rucola, fein gehackt
Salz und schwarzer Pfeffer aus der Mühle

Die Zwiebeln schälen und zusammen mit der Selleriestange fein hacken. Den Lauch putzen, waschen und in feine Ringe schneiden.
Die Butter in einem großen Topf erhitzen und Zwiebeln sowie Sellerie darin anschwitzen. Den Lauch und den Reis dazugeben und unter ständigem Rühren kurz mitbraten, bis der Reis vollständig mit Butter bedeckt und glasig ist. Den Reis mit dem Wein ablöschen und bei schwacher Hitze unter ständigem Rühren kochen lassen, bis der Reis den Wein aufgenommen hat. Etwas Brühe angießen und unter ständigem Rühren weiterköcheln, bis der Reis die Brühe aufgesogen hat. Diesen Vorgang wiederholen, bis die ganze Brühe aufgebraucht ist und der Reis die gewünschte Konsistenz hat – die einen mögen ihn mehr »al dente«, die anderen weich gekocht. Insgesamt sollte das Gericht nicht länger als 20 Minuten garen. Bei Bedarf weitere Brühe oder ganz einfach etwas Wasser dazugeben.
Die Garnelen und den Rucola zum Risotto geben und 2 Minuten unter Rühren mitgaren. Den Risotto vom Feuer nehmen, mit Salz und Pfeffer abschmecken und vor dem Servieren zugedeckt noch etwas quellen lassen.

Lauch-Pilz-Tarte

Es ist schon purer Luxus, auf einem mediterranen Markt frisches Gemüse einzukaufen und noch am selben Tag zu verzehren! Beispielsweise in einer köstlichen Lauch-Pilz-Tarte. Noch besser wird Ihnen die Tarte schmecken, wen Sie selbst gesuchte Pilze dafür verwenden, etwa Steinpilze oder Pfifferlinge. Filoteig kommt ursprünglich aus Griechenland, ist aber mittlerweile in gut sortierten Supermärkten erhältlich. Wenn nicht – das Rezept schmeckt auch mit Blätterteig!

3 Eier
200 g Crème double
etwas Olivenöl für die Form
10 Lagen Filoteig
20 g Butter
2 Zwiebeln, gehackt
2 Stangen Lauch, in etwa 3 cm große Stücke geschnitten
4 Knoblauchzehen, zerdrückt
300 g Pilze, in Scheiben geschnitten
100 g würziger Hartkäse (z.B. Gruyère oder Bergkäse), gerieben

Den Ofen auf 200 °C (Gas Stufe 3–4) vorheizen. Die Eier in eine große Schüssel geben und verquirlen. Die Crème double unterrühren. Eine Tarteform (24 cm ∅) mit etwas Olivenöl einfetten.
Die Tarteform mit dem Filoteig auslegen. Dabei immer 2 Lagen gleichzeitig verwenden und diese so in die Form legen, dass die Teigecken am Rand überstehen. Den Teig möglichst so hineinlegen, dass er am Ende an einen Stern erinnert. Den Teig mit Öl bepinseln und 5 Minuten im Ofen vorbacken. Immer wieder nachsehen, da der Teig schnell verbrennt.
Etwas Butter in einer großen Pfanne erhitzen und die Zwiebeln darin in etwa 1 Minute glasig anschwitzen. Lauch und Knoblauch dazugeben und unter Rühren mitgaren. Die Pilze hinzufügen und ebenfalls mitgaren, bis sie eine goldbraune Farbe angenommen haben. Die Mischung zur Ei-Crème-double-Mischung geben und den geriebenen Käse unterrühren. Das Ganze auf dem Filo-Teig verteilen und die Tarte in 25 Minuten fertig backen. Nach 20 Minuten nachsehen, die Oberfläche darf nicht zu braun werden. Die Lauch-Pilz-Tarte schmeckt warm oder kalt; dazu passt ein Salat.

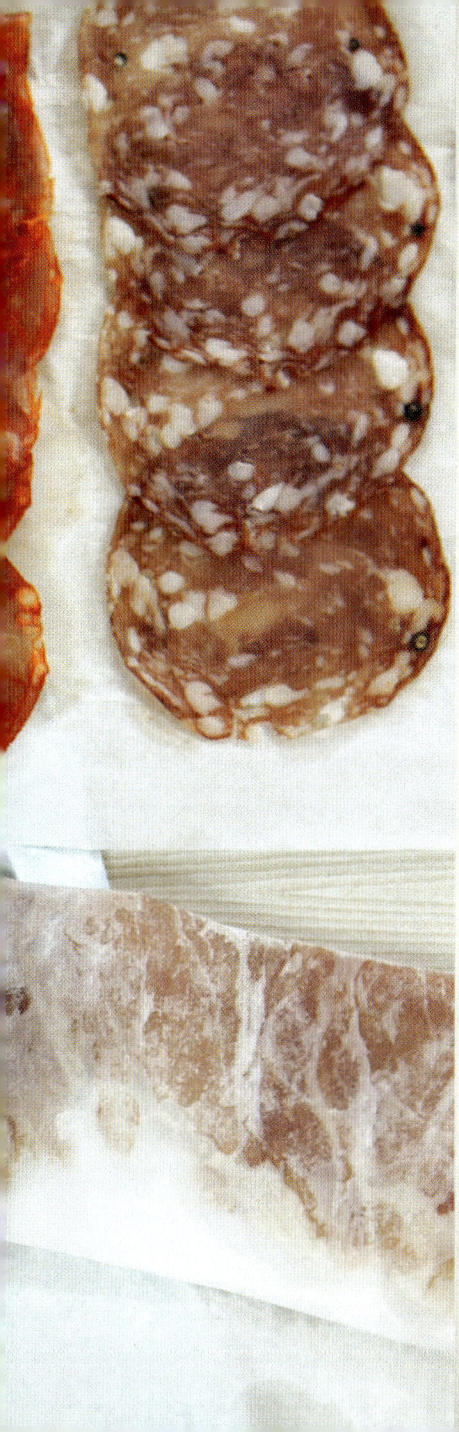

... GEH AUF DEN MARKT!

»Da hast 'nen Taler, geh auf den Markt, kauf dir 'ne Kuh, Kälbchen dazu.« So jedenfalls heißt es in einem alten Kinderreim, aber natürlich müssen Sie nicht gleich Kuh und Kälbchen kaufen, und zum Bezahlen können Sie auch die gewohnten Euros bzw. die jeweilige Landeswährung verwenden.
Das Einkaufen auf einem Markt macht im Urlaub besonders viel Spaß; Sie bekommen dort alle Zutaten, die Sie für ein Picknick oder ein schnelles Mittagessen brauchen, frisch und meist in bester Qualität. Ich treibe mich am liebsten in kleinen Dörfern und auf den genannten Wochenmärkten herum, doch selbst in den großen Supermärkten ist oft eine reiche Auswahl an frischem Obst und Gemüse vorhanden. Machen Sie sich schlau, wann die Märkte stattfinden, und suchen Sie nach »Tante-Emma-Läden« und Kooperativen, in denen die Bauern ihre Produkte verkaufen, dann bekommen Sie einen authentischen Eindruck vom »Geschmack« Ihrer Urlaubsregion. Auf einem Mercado in Spanien werden an den Ständen immer die besten Öle, Essige, Käse- und Fleischsorten angeboten, die typisch für die Gegend sind. Viele von diesen Produkten gehen nur selten in den Export.
Auf unserer Einkaufsliste steht Käse immer ganz oben, und wir lassen uns bei der Auswahl genüsslich viel Zeit. Das Schöne an den einheimischen Märkten ist, dass man vor dem Kauf immer probieren darf; die Standinhaber bieten ihre Ware gern an und lassen Sie von allem kosten, das Ihnen den Mund wässrig macht – auch von ausgefalleneren Produkten. Mein absoluter Lieblingskäse ist der Brie de Meaux, der auf dem Wiener Kongress 1815 sogar zum »König aller Käse« gekürt wurde. So alt ist der, den ich esse, nicht, aber ein bisschen »läufig« darf er schon sein. Unvergleichlich ist er mit einem Stück frischem Baguette und einem Glas fruchtigem Rotwein – natürlich aus Trauben der Region!
Und zum Käse dürfen die kleinen Gläschen mit verschiedenen Gelees nicht fehlen. In Frankreich liebt man das auf Portwein basierende Gelée de Porto – einfach fantastisch! Ich nehme immer etwas davon mit nach Hause, weil es mich

an unseren Urlaub erinnert und zu den wenigen Lebensmitteln gehört, die sich auf der Reise gut halten. In Spanien isst man Käse gern mit Membrillo casero, einem Quittengelee, oder mit sehr intensiv schmeckendem Tomatengelee – Letzteres passt hervorragend zu Hartkäse. In vielen Gegenden gibt es lokale Variationen bekannter Sorten wie z.B. Mozzarella und Brie; das Experimentieren lohnt sich also.
Schinken und Wurst frisch vom Markt sind die perfekten Zutaten für ein schnelles Mittagessen. Bei Chorizo sollten Sie vorsichtig sein, da die regionalen Hersteller oft miteinander um den Titel der schärfsten Sorte konkurrieren; dennoch ist sie sehr vielseitig einsetzbar. Sie kann geschnitten als Beilage dienen, im Picknickkorb unterwegs sein und auch als Pizzabelag fungieren. Wenn Sie auf luftgetrockneten Schinken

wie Parma- oder Serranoschinken stoßen, bietet sich der Parmaschinken-Pfirsich-Salat (Rezept siehe S. 31) oder der Klassiker Melone mit Schinken an. Verwenden Sie dafür möglichst eine Cantaloupe-Melone – deren üppig süßer Geschmack passt ausgezeichnet zum salzigen Aroma des Schinkens.
Marktfrisches Obst und Gemüse kaufe ich, wann immer ich kann. Ein paar Tomaten, die nach Tomaten schmecken, eine Salatgurke – et voilà, fast fertig ist der griechische Salat. Feta finden Sie in den meisten Supermärkten; außerdem können Sie den Salat mit roten Zwiebeln, roter Paprika, ein paar schwarzen Oliven und etwas Oregano aufpeppen. Übrigens ist griechischer Salat eine der besten Beilagen zu gegrilltem Fleisch oder Fisch.

Bacon-Jakobsmuschel-Salat

Dieser Salat ist ein echtes Urlaubsgericht! Bei uns kommt er immer mit einer großen Schüssel Pommes aus dem Kiosk auf den Campingtisch. Unser Sohn Ned fand das erste Mal Geschmack an Jakobsmuscheln, als wir dem Restaurant eines Freundes einen Besuch abstatteten. Er wollte unbedingt alles probieren, da er sich gerade für eine Karriere als Skateboard fahrender Restaurantkritiker entschieden hatte. Danach habe ich mir diesen einfachen Salat ausgedacht, der uns allen sehr gut schmeckt.
Ich empfehle 20 Jakobsmuscheln – das klingt nicht nach viel, aber Jakobsmuscheln sind relativ sättigend.

Für 4 Personen
etwas Olivenöl zum Braten
4 dicke Scheiben Bacon, in feine Würfelchen geschnitten
100 g Champignons, in Scheiben geschnitten
½ rote Paprikaschote, in schmale Streifen geschnitten
200 g frischer Spinat, in etwa 1 cm breite Streifen geschnitten
etwas Butter zum Braten
20 küchenfertige Jakobsmuscheln
4 Knoblauchzehen, zerdrückt
Salz und schwarzer Pfeffer aus der Mühle

Etwas Olivenöl in einer großen Pfanne erhitzen und den Bacon darin auslassen. Nach 2 Minuten die Champignons und die Paprikastreifen hinzufügen und unter Rühren anbraten. Die Mischung zusammen mit dem Spinat in eine Schüssel geben.
Noch etwas Öl sowie die gleiche Menge Butter in die Pfanne geben und die Jakobsmuscheln darin von jeder Seite rund 2 Minuten braten. Nach dem Wenden der Muscheln den zerdrückten Knoblauch dazugeben.
Den Pfanneninhalt zur Gemüsemischung geben, alles leicht salzen und pfeffern und vorsichtig vermengen. Sofort mit Knoblauchmayonnaise (Rezept siehe S. 94) servieren.

Tomaten-Bacon-Suppe

Diese Suppe lässt sich immer sehr schnell zaubern. Sie bekommen die Zutaten auch im kleinsten Lebensmittelladen, oft sogar am Kiosk des Campingplatzes. Die sonnengereiften Tomaten verleihen der Suppe einen unvergleichlich frischen Geschmack.

Für 4 Personen
2 Zwiebeln
700 ml Hühnerbrühe (Instant)
2 EL Olivenöl
250 g Bacon, in kleine Stücke geschnitten
10 reife Tomaten, in Stücke geschnitten
1 EL Crème double
1 EL frischer Koriander, fein gehackt, ersatzweise Basilikum und Petersilie

Die Zwiebeln schälen und in feine Würfel schneiden. Die Hühnerbrühe mit etwas weniger als der empfohlenen Menge Instantpulver anrühren und aufkochen. Das Olivenöl in einem großen Topf erhitzen und den Bacon darin braten. Nach 2 Minuten die Zwiebeln hinzufügen und glasig anschwitzen. Die Tomaten dazugeben und unter Rühren etwa 3 Minuten garen. Sobald die Tomaten weich werden, die Hitze reduzieren und die heiße Brühe angießen.
Die Suppe mit dem Pürierstab durchmixen, bis sie eine glatte Konsistenz hat. Sie darf nicht mehr kochen, da sie sonst an Aroma verliert. Die Suppe auf Suppentassen verteilen und mit je 1 Klecks Crème double garnieren. Zuletzt die Suppe mit dem Koriander bestreuen. Baguette dazu reichen.

Omelett à la Rivron

Das Omelett schmeckt wunderbar zum Brunch, geht mit einem grünen Salat aber auch als leichtes Mittagessen durch.

Für 4 Personen
10 Frühkartoffeln
Olivenöl und Butter zum Braten
1 Zwiebel, grob gehackt
1 rote Paprikaschote, in feine Würfel geschnitten
4 dicke Scheiben Bacon, in Würfel geschnitten
4 Eier
1 EL Petersilie, gehackt

Die Frühkartoffeln unter fließendem Wasser bürsten, in einen Topf geben, mit Wasser bedecken und knapp gar kochen. Die Kartoffeln abgießen, etwas abkühlen lassen und in Scheiben schneiden.
In einer großen Pfanne zu gleichen Teilen Olivenöl und Butter erhitzen und die Zwiebeln, die Paprika und den Bacon darin 3 bis 4 Minuten anbraten; dabei gelegentlich umrühren. In der Zwischenzeit die Eier schaumig aufschlagen.
Die Kartoffelscheiben in die Pfanne geben und unter Rühren mitbraten. Sobald die Kartoffeln einen knusprigen goldbraunen Rand haben, die verquirlten Eier darübergeben und mit der Petersilie bestreuen. Die Mischung immer wieder vorsichtig wenden, damit die Eier gleichmäßig stocken. Das Omelett während des Bratens mithilfe eines Pfannenwenders immer wieder vom Rand und Boden der Pfanne lösen. Das Omelett ist – nach etwa 7 Minuten – fertig, wenn es fest, aber nicht trocken ist. Sofort servieren.

Paprika mit Ziegenkäse

Die Paprikaschoten mit Ziegenkäse passen perfekt zu der Salami und dem Schinken, die Sie gewiss auf dem Wochenmarkt oder im Delikatessenladen Ihres Urlaubsortes finden werden.

Für 4 Personen
Je 2 rote und 2 gelbe Paprikaschoten
1 Stück Ziegenkäserolle, etwa 10 cm lang
100 g Pesto
2 große Handvoll Rucola

Den Ofen auf 200 °C (Gas Stufe 3–4) vorheizen. Die Paprikaschoten waschen, putzen, entkernen und von den weißen Trennhäuten befreien. Jede Schote in 4 flache Stücke schneiden. Den Ziegenkäse in 16 Scheiben schneiden.
Die Paprikastücke in eine feuerfeste Form legen, jeweils mit 1 Teelöffel Pesto bestreichen und mit 1 Scheibe Ziegenkäse belegen. Das Ganze mit Alufolie bedecken und 25 Minuten im Ofen überbacken.
In der Zwischenzeit den Rucola waschen, trockenschütteln und auf einer Servierplatte anrichten. Die überbackenen Paprikaschoten auf dem Rucolabett servieren.

pimenton

3. HAUPTGERICHTE

Alle hier vorgestellten Hauptgerichte wurden mehrfach von mir und meiner Familie getestet. Auf den folgenden Seiten haben wir unsere Lieblingsrezepte für Sie zusammengestellt. Außerdem umfasst das Kapitel einen Abschnitt mit Rezepten für den Slow Cooker (siehe S. 82–91) und einen Abschnitt über das Grillen (siehe S. 92–107). Beide Methoden sind ideal für den Campingurlaub, doch natürlich lassen sich die beschriebenen Gerichte auch ohne Niedergargerät oder Grill zubereiten.

Huhn Natasha

Falls Sie einmal keine Lust haben, den Grill anzuwerfen, ist dieses schnelle und einfache Hühnchengericht die ideale Alternative. Es gehört zu meinen persönlichen Lieblingsgerichten, und ich habe es nach meiner kleinen Nichte Natasha benannt, der es ebenso schmeckt wie mir.

Für 4 Personen
1 große Zwiebel
4 Hähnchenbrustfilets
200 ml Hühnerbrühe (Instant)
Olivenöl zum Braten
100 ml Weißwein
5 TL Pesto
300 g Crème double
Salz und schwarzer Pfeffer aus der Mühle

Den Ofen auf 220 °C (Gas Stufe 4–5) vorheizen. Die Zwiebel schälen und fein hacken.
Die Hähnchenbrustfilets gründlich waschen, trockentupfen, in eine feuerfeste Form legen und die Hühnerbrühe angießen. Das Ganze mit Alufolie bedecken und je nach Dicke der Filets das Fleisch etwa 25 Minuten im Ofen garen.
In der Zwischenzeit das Öl in einer Pfanne erhitzen und die Zwiebeln darin glasig dünsten. Den Wein angießen und auf großer Flamme einkochen, bis er sich auf etwa 1 Esslöffel einreduziert hat. Die Hitze reduzieren, das Pesto unterrühren und die Pfanne beiseitestellen.
Am Ende der Garzeit die Hähnchenbrustfilets aus der Form nehmen und die Garflüssigkeit mit der Sauce in der Pfanne verrühren. Die Créme double unterrühren, die Sauce aufkochen, sämig einkochen lassen und mit Salz und Pfeffer abschmecken. Die Hähnchenbrustfilets schräg in Scheiben schneiden und mit der Sauce servieren.

Schweinskoteletts in Schnittlauchsauce

Die Schnittlauchsauce bereitet sich fast von selbst zu und passt hervorragend zu Schweinefleisch. Sie können sie auch zur gegrillten Schweinelende (Rezept siehe S. 106) servieren.

Für 4 Personen
1 Zwiebel
2 Stangen Sellerie
2 EL Olivenöl
200 ml Weißwein oder Cidre
200 ml Fleisch-oder Gemüsebrühe (Instant)
225 g Crème double
Salz und schwarzer Pfeffer aus der Mühle
4 Schweinskoteletts
2 EL Schnittlauchröllchen

Die Zwiebel schälen und in Scheiben schneiden. Die Selleriestangen waschen und in mundgerechte Stücke schneiden. In einer kleinen Pfanne die Hälfte des Olivenöls erhitzen und die Zwiebel sowie den Sellerie darin glasig dünsten. Den Weißwein oder den Cidre sowie die Brühe angießen und auf die Hälfte einkochen. Die Crème double unterrühren und die Sauce mit Salz und Pfeffer abschmecken.
Das restliche Olivenöl in einer Grillpfanne erhitzen, die Schweinskoteletts darin von beiden Seiten braten, salzen und pfeffern und auf Tellern anrichten. Den Bratensaft und den Schnittlauch in die Sauce rühren. Die Koteletts mit der Sauce beträufeln und heiß servieren.

Spaghetti Bolognese

Für dieses Nudelgericht hat nicht nur jede italienische Mama, sondern inzwischen fast jeder sein eigenes Rezept. In den letzten Jahren ist mein Mann Rowland zu einem erfahrenen Koch herangereift – das gilt allerdings nicht für Spaghetti Bolognese. Eines Abends fragte unsere Tochter Ella Rowland auf dem Weg nach Hause, was es denn zum Abendessen gebe, und er antwortete: »Spaghetti Bolognese.« Daraufhin wurde es erst ganz still im Auto, dann kam die schüchterne Frage, wer sie denn zubereitete, Mama oder Papa. Als es hieß: »Mama«, hörten wir ein leises, aber deutlich erleichtertes »Ja!«.
Ich ergänze das Hackfleisch noch mit Bohnen, damit das Gericht etwas abwechslungsreicher wird. Probieren Sie es doch auch einmal aus.

Für 4 Personen
400 g Spaghetti
Salz
2 EL Olivenöl zum Braten
2 Zwiebeln, gehackt
2 Stangen Sellerie, gehackt
600 g Rinderhack
125 ml Rotwein
500 ml Tomaten-Basilikum-Sauce (aus dem Glas)
400 g Adzukibohnen (aus der Dose)
etwas schwarzer Pfeffer aus der Mühle
Parmesan, frisch gerieben

Die Spaghetti in reichlich Salzwasser nach Packungsanweisung »al dente« kochen.
In der Zwischenzeit das Olivenöl in einer Pfanne erhitzen und Zwiebeln sowie Sellerie darin glasig dünsten. Das Hackfleisch dazugeben und krümelig braten. Sobald das Fleisch grau geworden ist, mit dem Rotwein ablöschen und einkochen, bis der Wein fast völlig verdampft ist. Die Tomaten-Basilikum-Sauce zum Hackfleisch geben und alles etwa 10 Minuten köcheln lassen. Die Bohnen in ein Sieb abgießen, abspülen, abtropfen lassen und in der Sauce erwärmen. Die Bolognese mit Salz und Pfeffer abschmecken.
Die Nudeln in ein Sieb abgießen, auf 4 Teller verteilen, mit der Bolognese anrichten und mit Parmesan bestreuen.

Tagliatelle mit Garnelen und Spinat

Mit diesem Gericht bringen Sie fast jedes Kind dazu, Spinat zu essen. Meine Kinder erinnern mich noch heute immer wieder an jenen unheilvollen Tag im Jahr 1999, an dem ich ihnen Spinatsuppe vorsetzte. Doch die Nudeln mit Garnelen und Spinat lieben sie. Am besten verwenden Sie frische, junge Spinatblätter.

Für 4 Personen
200 g frischer Spinat
400 g Tagliatelle
etwas Salz
1 EL Olivenöl
1 Zwiebel, fein gehackt
2 Stangen Sellerie, fein gehackt
3 gehäufte TL Pesto
300 ml Weißwein, am besten Riesling
300 g küchenfertige Garnelen
200 g Crème double
Parmesan, frisch gerieben

Den Spinat kalt wässern. Die Tagliatelle in reichlich Salzwasser nach Packungsanweisung »al dente« kochen.
In der Zwischenzeit das Olivenöl in einer großen Pfanne erhitzen und die Zwiebel und den Sellerie darin glasig dünsten. Das Pesto unterrühren und den Wein angießen. Die Sauce aufkochen und um etwa ein Drittel einreduzieren.
Den Spinat vorsichtig ausdrücken, in die Sauce geben und zusammenfallen lassen. Die Garnelen und die Crème double dazugeben und alles etwas köcheln lassen; dabei gelegentlich umrühren.
Die Nudeln in ein Sieb abgießen, auf 4 Teller verteilen, mit der Sauce anrichten und mit dem Parmesan bestreuen.

Thunfischsteaks auf einem Bett von Roter Bete und Rucola

Dieses Gericht für den Herbsturlaub ist nicht nur leicht zuzubereiten, es sieht auch fantastisch aus – und schmeckt hervorragend als leichtes Abendessen! Ich nehme immer möglichst kleine, dicke Thunfischsteaks, damit der Fisch schön saftig bleibt.

Für 4 Personen
60 g Rucola
2 frische Rote Bete
2 EL Olivenöl
Etwas Balsamicoessig
Salz und schwarzer Pfeffer aus der Mühle
50 g Butter
4 Thunfischsteaks
4 Knoblauchzehen, zerdrückt
Saft von 1 Zitrone
Olivenöl
Salz

Den Rucola verlesen, waschen und trockenschütteln. Die Rote Bete schälen und raspeln. Rucola und Rote Bete auf vier Teller verteilen, mit 1 Esslöffel Olivenöl und einem Hauch Balsamico beträufeln und mit etwas Salz und Pfeffer bestreuen.

Die Butter in einer Grillpfanne erhitzen und die Thunfischsteaks darin je nach Dicke etwa 3 Minuten braten, dann wenden, den Knoblauch dazugeben und in weiteren 3 Minuten fertigbraten.

Die fertig gegarten Thunfischsteaks auf das Bett aus Rucola und Roter Bete legen, salzen und pfeffern. Den Zitronensaft mit wenig Salz zum Bratensatz geben und die Thunfischsteaks damit beträufeln.

Fünf-Minuten-Rindfleisch aus dem Wok

Das Rindfleisch aus dem Wok ist unglaublich köstlich: Es zergeht einem praktisch auf der Zunge. Achten Sie mal auf Ihre Nachbarn: Die verrenken sich bestimmt den Hals, um herauszufinden, was Sie da kochen!
Ich bereite das Gericht gern mit Rinderfilet zu, das lässt sich schön in dünne Streifen schneiden. Das Fleisch sollte vor dem Braten eingelegt werden, und zwar je länger, desto besser. Ich mariniere das Fleisch immer morgens und lasse es den ganzen Tag im Kühlschrank durchziehen. Da es nicht an jedem Urlaubsort einen gut sortierten Asialaden gibt, müssen Sie die Edamame-Bohnen möglicherweise durch Erbsen ersetzen – nicht schlimm! Zu Hause können Sie dieses Gericht ja wieder genau nach Rezept kochen.

Für 4 Personen
600 g Rinderfilet
100 ml Teriyaki-Sauce (aus dem Asialaden)
150 g Edamame-Bohnen (grüne Sojabohnen), ersatzweise grüne Erbsen
etwas Salz
1 rote Paprikaschote
4 Frühlingszwiebeln
4 Knoblauchzehen
2 EL dunkles Sesamöl aus gerösteten Sesamsamen
2 EL Walnuss- oder Erdnussöl
3 cm frische Ingwerwurzel, geschält und gerieben
100 g Zuckerschoten
100 g Babymaiskolben, längs in Scheiben geschnitten
400 g vorgekochte Eiernudeln (aus dem Asialaden)
350 g Sojasprossen
etwas japanische Sojasauce
schwarzer Pfeffer aus der Mühle

Das Fleisch waschen, trockentupfen und in schmale, maximal 1 Zentimeter breite Streifen schneiden. In eine Schüssel geben und mit Teriyaki-Sauce bedecken. Zugedeckt mindestens 30 Minuten im Kühlschrank marinieren; wenn möglich, den ganzen Tag durchziehen lassen.
In einem Topf Wasser zum Kochen bringen und die Edamame-Bohnen darin 4 Minuten blanchieren, dann in ein Sieb abgießen und kalt abspülen. Die Paprikaschoten waschen, von Stielansatz und Kernen befreien und in sehr feine Streifen schneiden. Die Frühlingszwiebeln waschen und fein hacken. Die Knoblauchzehen schälen und in feine Würfel schneiden.
Im Wok jeweils 1 Esslöffel Sesam- sowie Walnuss- oder Erdnussöl erhitzen. Die marinierten Rindfleischstreifen in den Wok geben und im heißen Öl rundum braten. Das dauert etwa 2 Minuten und kann heftig spritzen. Das Fleisch in ein Sieb geben, dabei den Bratensatz auffangen.
Das restliche Sesam- und Walnuss- oder Erdnussöl in den Wok geben und zunächst Paprikastreifen sowie Frühlingszwiebeln darin anbraten. Knoblauch, Ingwer, Zuckerschoten und Mais dazugeben und ebenfalls unter Rühren braten. Die Eiernudeln dazugeben; da sie bereits vorgekocht sind, brauchen sie nur etwa 1 Minute Garzeit. Zum Schluss die Bohnen und Bohnensprossen zu dem restlichen Gemüse und den Nudeln geben und kurz braten. Den Fleischsaft und die restliche Marinade unter das Gericht rühren, das Fleisch dazugeben und noch einmal kurz erwärmen. Das Ganze mit Sojasauce und Pfeffer abschmecken und sofort servieren.

International
684

Vier-Bohnen-Pfanne

Dieses Gericht wärmt und tröstet die Seele, wenn das Wetter einmal schlecht ist und man sich im Wohnwagen einigeln muss. Die Bohnenpfanne ist im Nu fertig.
Sollten Sie die exotischeren Bohnensorten nicht bekommen, können Sie sie auch durch Kichererbsen oder Kidneybohnen ersetzen.

Für 4 Personen
1 Brühwürfel (Gemüse- oder Rinderbrühe)
2 Zwiebeln
4 Stangen Sellerie, fein gehackt
400 g Limabohnen (aus der Dose)
400 g Augenbohnen (aus der Dose)
400 g Adzukibohnen (aus der Dose)
400 g Cannellinibohnen (aus der Dose)
2 EL Olivenöl
1 EL Tomatenmark
100 g Crème double
2 Prisen getrockneter Thymian
2 Prisen getrockneter Estragon
Salz und schwarzer Pfeffer aus der Mühle

Den Brühwürfel in 300 Milliliter kochendem Wasser auflösen. Die Zwiebeln schälen und fein hacken, die Selleriestangen in dünne Scheiben schneiden, die Bohnen in ein Sieb geben, mit kaltem Wasser gründlich abbrausen und gut abtropfen lassen.
Das Olivenöl in einem großen Topf erhitzen und die Zwiebeln sowie den Sellerie darin etwa 5 Minuten anschwitzen. Die Bohnen mit der Brühe und dem Tomatenmark in den Topf geben und das Ganze 10 Minuten köcheln lassen. Die Crème double und die getrockneten Kräuter hinzufügen und unterrühren. Die Bohnenpfanne mit Salz und Pfeffer würzen und sofort servieren.

Pesto-Pasta mit Erbsen und Schinken

Dieses Gericht eignet sich ideal für den Abend der Ankunft. Die Zutaten sind schnell eingekauft und noch schneller zubereitet, wenn Sie nach einem anstrengenden Tag, an dem Sie Straßenkarten gelesen oder auch schon die Markise am Wohnwagen befestigt haben, nicht auch noch lange kochen wollen.

Für 4 Personen
500 g Fusilli
Salz
200 g Erbsen (frisch oder TK)
1 EL Olivenöl
1 Zwiebel, gehackt
300 ml Weißwein
6 Scheiben gekochter Schinken, in Würfel geschnitten
4 EL Pesto
220 g Crème double
Parmesan, frisch gerieben

Die Fusilli in reichlich Salzwasser nach Packungsanweisung »al dente« kochen, abgießen und beiseitestellen.
In der Zwischenzeit die Erbsen in reichlich kochendem Wasser garen – frische brauchen etwas länger als tiefgefrorene –, in ein Sieb abgießen, abtropfen lassen und beiseitestellen.
Das Olivenöl in einem Topf erhitzen und die Zwiebeln darin glasig dünsten. Den Wein angießen und 5 Minuten kochen lassen, bis er sich um rund ein Drittel reduziert hat. Schinken und Pesto unter die Sauce rühren, dann die Erbsen und die Crème double hinzufügen. Das Ganze noch etwas erhitzen, aber nicht mehr kochen lassen.
Die Nudeln auf 4 Teller verteilen, mit der Sauce anrichten und mit dem Parmesan bestreuen. Dazu passen ein knackiger Salat und der Rest aus der Weinflasche.

Kabeljau in Petersilien-sauce

Wenn Sie viel und reichhaltig auswärts gegessen haben, ist dieses leichte und bodenständige Gericht vielleicht genau das Richtige für Sie. Geradezu himmlisch schmecken mit Minze verfeinerte Frühkartoffeln dazu. Sie können für das Rezept auch Seelachs anstelle von Kabeljau verwenden. Sein Fleisch ist etwas fester.

Für 4 Personen
850 g Kabeljaufilets
3 EL Sukiyaki-Sauce (aus dem Asialaden)
20 g Butter
1 Zwiebel, gehackt
2 Stangen Sellerie, gehackt
200 ml Weißwein
220 g Crème double
3 EL Petersilie, gehackt
Salz und schwarzer Pfeffer aus der Mühle

Den Ofen auf 200 °C (Gas Stufe 3–4) vorheizen. Den Fisch waschen und trockentupfen, in eine feuerfeste Form legen und mit Sukiyaki-Sauce beträufeln. 300 Milliliter Wasser angießen. Das Ganze mit Alufolie verschließen und 20 Minuten im Ofen garen.
In der Zwischenzeit in einer Pfanne die Butter erhitzen und die Zwiebeln sowie den Sellerie darin glasig dünsten. Den Weißwein angießen, alles 5 Minuten köcheln lassen und beiseitestellen.
Wenn der Fisch gar ist, die Garflüssigkeit zur Sauce gießen; dabei etwas Flüssigkeit in der Form lassen, damit der Kabeljau nicht austrocknet. Den Fisch wieder mit Alufolie bedecken und warm stellen. Die Sauce 3 bis 4 Minuten köcheln und dabei um etwa ein Drittel einreduzieren lassen. Crème double und Petersilie unterrühren, noch etwas weiterköcheln lassen und mit Salz und Pfeffer abschmecken.
Den Fisch auf 4 Teller verteilen und mit der Sauce beträufeln.

Bratwurstpfanne mit Gemüse und Apfelwein

Dieses Rezept habe ich vor Jahren erfunden, und es hat sich im Laufe der Zeit immer wieder bewährt. Die Bratwurstpfanne empfiehlt sich vor allem dann, wenn Sie viele hungrige Mäuler stopfen müssen; das herzhafte Gericht macht satt und steht im Handumdrehen auf dem Tisch.

Für 4 Personen
4 Tomaten
2 Zwiebeln
2 Stangen Lauch
1 rote Paprikaschote
1 EL Olivenöl
8 kleine Bratwürste
4 Knoblauchzehen, geviertelt
400 ml Apfelwein
400 g Limabohnen (aus der Dose)
Salz und schwarzer Pfeffer aus der Mühle
1 Bund Petersilie, fein gehackt

Die Tomaten waschen und in 8 bis 10 Spalten schneiden. Die Zwiebeln schälen und grob hacken. Lauch und Paprikaschote waschen, putzen und in mundgerechte Stücke schneiden.
Das Olivenöl in einer großen Pfanne erhitzen und die Bratwürste darin in etwa 15 Minuten braun braten. Die Zwiebeln und die Paprikaschote dazugeben und 4 bis 5 Minuten mitbraten. Nun den Lauch, die Tomaten und den Knoblauch dazugeben. Den Apfelwein angießen. Die Bohnen in ein Sieb abgießen, abspülen, abtropfen lassen und in die Pfanne geben. Alles kochen lassen, bis sich die Flüssigkeit um etwa ein Drittel einreduziert hat. Die Hitze reduzieren, Bratwürste und Gemüse mit Salz und Pfeffer abschmecken, mit der Petersilie bestreuen und servieren. Dazu passt knuspriges Bauernbrot oder Baguette.

Schwertfisch mit Basilikum und Limette

Meine Kinder lieben dieses Gericht, für das ich noch nicht einmal den ganzen Tag am Herd stehen muss! Anstelle des Schwertfischs können Sie auch Thunfisch oder Seelachs verwenden.

Für 4 Personen
4 Schwertfischsteaks
1 EL Olivenöl
10 g Butter
Saft von 2 Limetten
Salz und schwarzer Pfeffer aus der Mühle
10 Blätter Basilikum, fein gehackt

Die Fischsteaks waschen und trockentupfen. Olivenöl und Butter in einer Pfanne erhitzen und die Fischsteaks darin je nach Dicke 2–3 Minuten von jeder Seite braten. Kurz vor dem Wenden mit etwas Limettensaft beträufeln, dann auf der anderen Seite weiterbraten. Am Ende der Bratzeit die Fischsteaks mit dem restlichen Limettensaft beträufeln, salzen und pfeffern. Die Fischsteaks noch einmal wenden, damit der Saft in den Fisch einzieht.
Den Fisch auf 4 Teller verteilen, mit Bratensatz beträufeln und mit Basilikum bestreuen. Dazu passen mit Minze und Butter verfeinerte Frühkartoffeln.

Tandoori-Huhn à la Rivron

Wenn dieses Gericht auf Ihrem Campingtisch steht, werden die Nachbarn in den Wohnwagen ringsum grün vor Neid. Denn der Duft eines indischen Gerichts hat etwas ganz Besonderes und ist unwiderstehlich.

Für 4 Personen
3 gehäufte TL Tandoori-Currypulver
300 g Naturjoghurt
4 Hähnchenbrustfilets
1 EL Olivenöl zum Braten
etwas Salz und schwarzer Pfeffer aus der Mühle

In einem großen verschließbaren Behälter das Currypulver mit dem Joghurt verrühren. Der Behälter muss groß genug für die 4 Hähnchenbrustfilets sein. Das Fleisch gründlich abspülen und trockentupfen. In den Tandoori-Joghurt legen und sicherstellen, dass alle Filets gut mit der Marinade bedeckt sind. Möglichst über Nacht im Kühlschrank durchziehen lassen.
Etwas Olivenöl in einer Grillpfanne erhitzen und die eingelegten Hähnchenbrustfilets darin rundum braten, salzen und pfeffern. Nach Belieben mit Reis und Salat servieren.

CALOR GAS

Kürbiscurry

Hokkaido-Kürbis hat den Vorteil, dass man ihn nicht schälen muss, denn die Schale wird beim Garen weich und kann mitgegessen werden.

Für 4 Personen
1 Hokkaido-Kürbis (etwa 1 kg Fruchtfleisch)
20 g Butter
1 Zwiebel, gehackt
je 1 TL Kreuzkümmel, Kurkuma und Koriander
1 große Prise Cayennepfeffer
3 rote Chilischoten, entkernt und fein gehackt
600 ml Hühner- oder Gemüsebrühe
200 ml Kokosmilch
etwas Salz

Den Kürbis in Spalten schneiden, die Kerne herausschaben und das Fruchtfleisch grob würfeln.
Die Butter in einem großen Topf erhitzen und die Zwiebel darin anschwitzen, Kreuzkümmel, Kurkuma, Koriander, Cayennepfeffer und Chili dazugeben und kurz mitbraten. Den Kürbis dazugeben und unter häufigem Wenden in der Gewürzmischung anbraten. Die Brühe angießen und alles etwa 15 Minuten köcheln lassen.
Den Kürbis in ein Sieb abgießen, dabei die Garflüssigkeit auffangen. Den Kürbis beiseitestellen, die Garflüssigkeit wieder in den Topf geben und bei schwacher Hitze etwas einkochen lassen, dann die Kokosmilch angießen und die Sauce mit Salz abschmecken. Den Kürbis in die Sauce geben und kurz erwärmen. Das Curry mit Reis servieren.

Sesamlachs mit Edamame-Bohnen

Dieses Gericht schmeckt eigentlich jedem und ist im Handumdrehen zubereitet. Die Zutaten bekommen Sie in jedem größeren Supermarkt; manchmal werden Edamame-Bohnen auch unter der Bezeichnung »Sojabohnen« angeboten. Es gibt sie vorgegart in 200-Gramm-Päckchen. Notfalls kann man sie durch grüne Erbsen ersetzen.

Für 4 Personen

1 Ei
2 EL Mehl
etwas Salz
2 EL Sesamsamen
4 Lachsfilets à ca. 125 g
400 g Edamame-Bohnen (Sojabohnen)
1 EL Olivenöl
100 g Champignons, in Scheiben geschnitten
5 Knoblauchzehen, in feine Scheiben geschnitten
2 cm frische Ingwerwurzel, in feine Streifen geschnitten
etwas Sukiyaki-Sauce nach Geschmack
2 EL Sesamöl

Das Ei verquirlen und auf einen großen Teller geben. Das Mehl mit etwas Salz und den Sesamsamen vermischen und auf einen zweiten großen Teller geben.

Die Lachsfilets waschen, trockentupfen und zuerst in der Mehlmischung, dann im Ei und zuletzt nochmals im Sesammehl wenden. Die Lachsfilets zugedeckt beiseitestellen. Die Bohnen in ein Sieb abgießen, abspülen und abtropfen lassen.

Das Olivenöl im Wok erhitzen und die Pilze darin unter Rühren braten, bis sie eine goldgelbe Farbe annehmen. Die Bohnen mit dem Knoblauch, dem Ingwer und 1 kräftigen Schuss Sukiyaki-Sauce zu den Pilzen geben, 2 Minuten mitgaren und beiseitestellen.

In einer Pfanne das Sesamöl erhitzen und den Fisch darin braten. Nach etwa 4 Minuten wenden und auf der anderen Seite ebenfalls 4 Minuten braten. Die Bratzeit richtet sich nach der Dicke der Filets.

Die Bohnen noch einmal kurz erwärmen und mit dem Fisch anrichten.

Gerollte Lammlende

Dieses Gericht habe ich zuerst nur zu Hause gekocht, doch als ich in einer süßen kleinen französischen Metzgerei auf eine wunderbare Lammlende stieß, konnte ich nicht widerstehen und habe es auch im Wohnwagen ausprobiert – es funktioniert dort ebenso gut! Wenn Sie die Lammlende nicht selbst auslösen wollen, können Sie auch den Metzger bitten, dies für Sie zu tun. Es gibt auch bereits ausgelöste Lammlenden abgepackt im Supermarkt zu kaufen.

Für 4 Personen
1 Lammlende mit Knochen
4 Zweige Rosmarin
4 Knoblauchzehen
Salz und schwarzer Pfeffer aus der Mühle

Den Ofen auf 200 °C (Gas Stufe 3–4) vorheizen. Die Lammlende waschen und trockentupfen. Das Fett möglichst in einem Stück – das Fleisch wird später wieder in das Fett gewickelt – ablösen; dazu ein scharfes Messer unter die Fettschicht schieben, dann das Fett von Hand abziehen und beiseitestellen.

Nun das Fleisch vom Knochen lösen. Dazu eignet sich ein Ausbeinmesser am besten. Um den Knochen liegen ein größerer und ein kleinerer Fleischstrang. Die Spitze des Messers am Knochen aufsetzen und vorsichtig das Fleisch abschneiden.
Das Fett zwischen 2 Lagen Klarsichtfolie legen und mit dem Nudelholz flach klopfen und rollen. Die obere Lage Klarsichtfolie entfernen und das Fleisch auf das Fett legen. Den Rosmarin waschen und trockenschütteln. Die Nadeln von den Zweigen streifen und fein hacken. Die Knoblauchzehen schälen und in dünne Scheiben schneiden.
Den Rosmarin und den Knoblauch gleichmäßig auf dem Fleisch verteilen und alles gleichmäßig mit etwas Salz und Pfeffer bestreuen. Das Fleisch mithilfe der unteren Lage Klarsichtfolie fest in das Fett einwickeln und mit Küchengarn fixieren.
Die gerollte Lammlende in eine feuerfeste Form legen und etwa 25 Minuten im Ofen garen.
Am Ende der Garzeit die Lammlende aus dem Ofen nehmen, 5 Minuten mit Alufolie bedeckt ruhen lassen, in Scheiben schneiden und servieren.

Mediterranes Huhn

Mit diesem Gericht können Sie sich wunderbar trösten, wenn Sie Ihren Sonntagsbraten vermissen. Der Vorteil: Wenn Sie im Süden Urlaub machen, schmecken Tomaten und Oliven bestimmt viel aromatischer als die im heimischen Supermarkt gekauften.

Für 4 Personen
4 Hähnchenbrüste
2 EL Olivenöl
250 g Kirschtomaten
150 g schwarze Oliven ohne Stein
5 Knoblauchzehen
1 TL Kräuter der Provence
etwas Fleur de sel (grobes Meersalz)
etwas schwarzer Pfeffer aus der Mühle
1 Bund Petersilie, fein gehackt

Den Ofen auf 200 °C (Gas Stufe 3–4) vorheizen. Die Hähnchenbrüste waschen, trockentupfen und mit der Haut nach oben in eine große feuerfeste Form legen. Das Fleisch mit dem Olivenöl beträufeln.
Die Tomaten waschen und halbieren und zusammen mit den Oliven um die Hähnchenbrüste verteilen. Den Knoblauch darüberpressen und das Ganze mit den Kräutern der Provence, dem Meersalz und dem Pfeffer bestreuen.
Das Huhn 40 Minuten im Ofen garen, mit der Petersilie bestreuen und in der Form servieren.
Dazu passen Reis, Baguette oder auch Pommes frites vom Campingplatzkiosk.

SLOW COOKER

Die Anschaffung eines Slow Cookers – eines elektrischen Gerätes zum Niedertemperaturgaren, im deutschsprachigen Raum auch Schongarer genannt – kann ich Ihnen nur wärmstens ans Herz legen. Manche sind mit Zeitschaltuhren ausgestattet, andere werden digital gesteuert. In jedem Fall können Sie das Abendessen bereits morgens vorbereiten und den Tag bei einem Ausflug genießen. Und wenn Sie dann abends zum Wohnwagen zurückkommen, ist das Essen schon fertig. Ein perfekter Urlaubstag! Voraussetzung für die Verwendung eines Slow Cookers ist natürlich ein Stromanschluss – aber welcher halbwegs gepflegte Campingplatz bietet den nicht?

Geschmortes Lamm

Dieses Gericht passt besonders gut zu einem Urlaub im Wohnwagen. Sie können morgens alles vorbereiten, tagsüber einen Ausflug machen – und abends wartet dann ein köstliches Abendessen auf die ganze Familie. Ich verwende für das geschmorte Lamm immer das Halsstück, die Keule eignet sich aber ebenso gut.

Für 4 Personen
Olivenöl zum Braten
750 g Lammfleisch, in Würfel geschnitten
2 Zwiebeln, gehackt
2 Stangen Sellerie, gehackt
300 ml Rotwein
400 g Kichererbsen (aus der Dose, Abtropfgewicht 240 g)
500 ml Tomaten-Basilikum-Sauce (aus dem Glas)
etwas Salz und schwarzer Pfeffer aus der Mühle
1 EL Crème double

Die mittlere Einstellung des Slow Cookers wählen. In einer großen Pfanne etwas Olivenöl erhitzen und das Lammfleisch darin portionsweise scharf anbraten. Je weniger Fleisch auf einmal in der Pfanne ist, desto heißer bleibt sie, und je schneller sich die Poren schließen, desto saftiger wird es. Das angebratene Fleisch in den Slow Cooker geben.
Die Zwiebeln in dem Bratfett glasig dünsten, den Sellerie dazugeben und ebenfalls andünsten. Zwiebeln und Sellerie zum Fleisch in den Slow Cooker geben. Den Wein in die Pfanne gießen und den Bratensatz damit lösen; mindestens 2 Minuten köcheln lassen und dann ebenfalls in den Slow Cooker geben.
Die Kichererbsen in ein Sieb abgießen, abspülen, abtropfen lassen und mit der Tomaten-Basilikum-Sauce zum Lamm geben. Alles 2 Stunden im Slow Cooker garen. Anschließend so lange wie möglich warm halten, am besten den ganzen Tag. Bei der Zubereitung im Ofen beträgt die Garzeit ebenfalls 2 Stunden bei einer Temperatur von 150 °C (Gas Stufe 1).
Vor dem Servieren das geschmorte Lamm mit Salz und Pfeffer abschmecken und jede Portion mit einem Klecks Crème double garnieren. Dazu passt Reis oder Kartoffelpüree.

Hühnchen in der Suppenschüssel

Dieses Gericht nenne ich »Hühnchen in der Suppenschüssel«, weil es in Schalen serviert wird und wir es mit Löffeln und etwas Brot essen. Es eignet sich besonders gut für kühlere und regnerischere Tage, wenn man kaum nach draußen gehen kann und sich die ganze Familie im Wohnwagen zum Essen versammelt. Abwaschen müssen Sie fast nichts, und die Suppenschüsseln brauchen weniger Platz als große Teller.

Für 4 Personen
1 EL Olivenöl
4 Hähnchenbrustfilets, in mundgerechte Stücke geschnitten
4 dicke Scheiben Bacon, fein gewürfelt
2 Zwiebeln, in Scheiben geschnitten
2 Stangen Sellerie, in Scheiben geschnitten
300 ml Weißwein, am besten Elsässer Riesling
500 ml Hühnerbrühe
400 g Limabohnen (aus der Dose)
400 g Kichererbsen (aus der Dose)
400 g Mais (aus der Dose)
3 Stangen Lauch, in Ringe geschnitten
Etwas Salz und schwarzer Pfeffer aus der Mühle
1 EL Crème double

Die mittlere Einstellung des Slow Cookers wählen. Etwas Olivenöl in einer beschichteten Pfanne erhitzen, die Hähnchenwürfel darin anbraten und in den Slow Cooker geben. Den Bacon in dem Bratfett auslassen und zum Hähnchenfleisch geben. Zwiebeln und Sellerie in der Pfanne anschwitzen, mit dem Wein ablöschen, das Ganze 2 bis 3 Minuten köcheln lassen und zusammen mit der Hühnerbrühe über die Fleisch-Gemüse-Mischung gießen.

Bohnen, Kichererbsen und Mais in ein Sieb geben, kurz abspülen, abtropfen lassen und zusammen mit dem Lauch in den Slow Cooker geben. Das Gerät verschließen, einschalten und den Tag genießen. Bei der Zubereitung auf dem Herd das Ganze nun zugedeckt etwa 30 Minuten köcheln lassen.

Das Hühnchen mit Salz und Pfeffer abschmecken und jede Portion mit einem Klecks Crème double garnieren. Dazu Baguette reichen.

Kopfsalatsuppe

Diese Suppe kenne ich noch aus meiner Kindheit, als meine Mutter sie an heißen Sommertagen auf den Tisch brachte. Noch heute verbinde ich damit glückliche lange, warme Tage im Garten. Außerdem entdeckte ich durch diese Suppe meine Liebe zum Kochen.

Für 4 Personen
20 g Butter
3 große oder 5 kleine Frühlingszwiebeln, gehackt
100 ml Weißwein
1 Kopfsalat, in Streifen geschnitten
1 l Hühnerbrühe (Instant)
etwas Salz und schwarzer Pfeffer aus der Mühle
200 g Crème double, ersatzweise süße Sahne
1 EL frischer Koriander, gehackt

Die höchste Einstellung des Slow Cookers wählen. Die Butter in einer Pfanne erhitzen und die Frühlingszwiebeln darin etwa 2 Minuten anschwitzen. Den Wein angießen, die Salatstreifen dazugeben und alles 3 Minuten kochen, dann in den Slow Cooker geben, die Brühe hinzufügen und etwa 30 Minuten garen. Auf dem Herd beträgt die Garzeit nur rund 20 Minuten. Die Suppe darf dabei nur leicht köcheln, nie sprudelnd kochen.
Am Ende der Garzeit die Suppe mit dem Pürierstab gut durchmixen, mit Salz und Pfeffer abschmecken, die Crème double unterrühren und mit dem Koriander bestreuen. Entweder sofort servieren oder später aufgewärmt genießen.

Grünes Thaicurry

Für 4 Personen

2 EL Nussöl zum Braten
4 Hähnchenbrustfilets, in Würfel geschnitten
150 g braune Champignons, halbiert
100 ml Gemüsebrühe (Instant)
1 EL Nam-Pla-Sauce (thailändische Fischsauce, aus dem Asialaden)
1 kleine Dose (165 ml) Kokosmilch
8 Kaffirlimettenblätter
1 EL frischer Koriander, gehackt
1 EL frisches Thaibasilikum, gehackt
Sojasauce und schwarzer Pfeffer aus der Mühle nach Geschmack

Für die grüne Currypaste

4 Stängel Zitronengras
6 grüne Chilischoten, entkernt und fein gehackt
3 Knoblauchzehen, gehackt
5 cm frische Ingwerwurzel, geschält und fein gehackt
2 Schalotten, fein gewürfelt
4 EL frischer Koriander, gehackt
1 TL gemahlener Kreuzkümmel (Cumin)
1 TL gemahlener Koriander
Saft von ½ Limette
1 EL Nam-Pla-Sauce (thailändische Fischsauce, aus dem Asialaden)

Currys würde man nicht unbedingt mit Kochen im Wohnwagen verbinden, und zwar aus mehreren Gründen: Sie sind recht arbeitsintensiv, und man braucht dafür viel Geschirr, das abgewaschen werden muss; außerdem hängt der Duft des Currys vielleicht länger im begrenzten Raum des Wohnwagens, als einem lieb ist. Mit meinem Thaicurry ist das anders: Es wird im Slow Cooker zubereitet, und hinterher muss nicht allzu viel abgewaschen werden. Das einfache Gericht schmeckt authentisch und köstlich. Sie können grüne Currypaste natürlich fertig kaufen, sie lässt sich aber auch schnell und leicht selbst zubereiten.

Für die Currypaste das Zitronengras von den äußeren harten Schichten befreien und das Innere in feine Ringe schneiden und mit den übrigen Zutaten in einem hohen Rührbecher mit dem Pürierstab zu einer möglichst glatten Paste vermischen. Der Duft ist überwältigend! Die Paste beiseitestellen.
Die höchste Einstellung des Slow Cookers wählen. In einem Topf 1 Esslöffel Nussöl erhitzen und das Hähnchenfleisch portionsweise darin kurz Farbe annehmen lassen. Das Fleisch in den Slow Cooker geben. Das restliche Nussöl erhitzen, die Pilze darin goldbraun braten, 3 Esslöffel Currypaste dazugeben, unter Rühren erhitzen und das Ganze ebenfalls in den Slow Cooker geben. Den Bratensatz mit der Brühe ablöschen und unter Rühren lösen. Den Bratfond mit der Nam-Pla-Sauce verrühren und das Ganze ebenfalls in den Slow Cooker geben. Zum Schluss Kokosmilch, Kaffirlimettenblätter und frische Kräuter hinzufügen, den Slow Cooker verschließen und das Curry 1 Stunde darin garen. Auf dem Herd beträgt die Garzeit bei geschlossenem Topf nur etwa 30 Minuten.
Am Ende der Garzeit das Curry mit Sojasauce und Pfeffer abschmecken und mit Reis servieren.

Kürbissuppe

Diese wärmende Suppe hat ein wunderbar reichhaltiges Aroma und lässt sich doch so leicht zubereiten. Ich empfehle sie immer für Kinder, die kein Gemüse mögen.

Für 4 Personen
500 g Fruchtfleisch vom Butternusskürbis
2 EL Butter
1 EL Olivenöl
2 Zwiebeln, in Scheiben geschnitten
1 Stange Sellerie, in Scheiben geschnitten
1 cm Ingwerwurzel, geschält und fein gewürfelt
800 ml Gemüsebrühe (Instant)
1 große Prise gemahlene Muskatnuss
Salz und Pfeffer aus der Mühle

Den Kürbis schälen und die Kerne herausschaben. Das Fruchtfleisch in kleine Würfel schneiden. Die höchste Einstellung des Slow Cookers wählen.
Die Butter und das Olivenöl in einem Topf erhitzen, Zwiebeln, Sellerie und Ingwer darin unter Rühren 2 Minuten anbraten. Den Kürbis dazugeben, unter Rühren etwa 1 Minute mitbraten und das Ganze in den Slow Cooker geben. Die Brühe in den Topf gießen, den Bratensatz damit lösen und ebenfalls in den Slow Cooker geben. Muskatnuss über die Suppe reiben, den Slow Cooker verschließen und alles etwa 1 Stunde garen. Auf dem Herd beträgt die Garzeit bei geschlossenem Topf nur etwa 30 Minuten. Die Suppe mit dem Stabmixer pürieren, mit Salz und Pfeffer abschmecken und sofort servieren.

Tipp: Für Kürbissuppe gibt es zahllose Rezepte. Eine besonders fruchtige Variante erhalten Sie, wenn Sie 2 Äpfel mitkochen und die Muskatnuss durch Curry ersetzen.

Hühnchen in Apfelwein

Ist es nicht toll, dass man in einem Wohnwagen sogar ein ganzes Huhn zubereiten kann, ohne die Gasflasche wechseln zu müssen? Das Hühnchen in Apfelwein ist einfach köstlich und dank des Slow Cookers überhaupt nicht zeitaufwendig.

Für 4 Personen
1 küchenfertiges ganzes Huhn
2 EL Olivenöl
1 große oder 2 kleine Zwiebeln, grob gehackt
2 Stangen Lauch, in Ringe geschnitten
2 Knoblauchzehen, in Scheiben geschnitten
500 ml Apfelwein
500 ml Hühnerbrühe (Instant)
1 Prise Safran
2 Prisen getrockneter Estragon
100 g Crème double
Salz und schwarzer Pfeffer aus der Mühle

Die höchste Einstellung des Slow Cookers wählen. Das Huhn gründlich waschen und trockentupfen. Das Olivenöl in einer großen Pfanne erhitzen und die Zwiebeln 2 Minuten darin anschwitzen. Lauch und Knoblauch dazugeben und 2 Minuten mitbraten. Dabei gelegentlich umrühren. Die Gemüsemischung in den Slow Cooker geben. Den Apfelwein in die Pfanne gießen, einmal aufkochen lassen und ebenfalls in den Slow Cooker geben.
Das Huhn mit der Brustseite nach unten in den Cidre legen, mit der Brühe begießen und mit Safran und Estragon bestreuen. Den Slow Cooker verschließen und das Huhn darin etwa 2 Stunden garen. Nach 1 1/2 Stunden wenden. Bei der Zubereitung im Ofen das Huhn in einer feuerfesten Form 2 Stunden bei 150 °C (Gas Stufe 1) garen. Am Ende der Garzeit die Crème double in die Sauce rühren und diese mit Salz und Pfeffer abschmecken. Zum Hühnchen in Apfelwein passen Erbsen und Baguette.

GRILLVERGNÜGEN

Es gibt Tage, an denen kommt man vom Strand, räumt auf und stellt plötzlich fest, dass um einen herum überall auf dem Campingplatz der Grill angeworfen wird. Und auf einmal duftet es verführerisch nach den verschiedensten Grillgerichten. Wenn auch Sie Lust haben, ein wenig Fleisch oder Fisch zu grillen, finden Sie auf den folgenden Seiten ein paar leckere Marinaden und Beilagen. Bei uns ist Rowland der Herr über die Grillzange, während ich mich um das Drumherum kümmere. Einmal war Rowland so stolz auf das, was er da gegrillt hatte, dass wir mit dem Essen warten mussten, bis er jedes Gericht einzeln abfotografiert hatte!

Meine 3 Top-Tipps zum Grillen

- Den Grill nach jedem Gebrauch säubern. Das spart auf lange Sicht viel Arbeit.
- Nach dem Abwaschen und Abtrocknen den Grill mit etwas Öl einfetten, dann bleibt nichts daran hängen.
- Das oberste Gebot lautet: Geduld! Legen Sie das Grillgut niemals auf die Flammen, sondern warten Sie, bis die Kohlen gut durchgeglüht und mit einer Ascheschicht überzogen sind.

Tzatziki

1/3 Salatgurke
8 Blättchen Minze
300 g griechischer Joghurt
2 Knoblauchzehen
2 EL Olivenöl
1 EL Weißweinessig
Salz und schwarzer Pfeffer aus der Mühle

Die Gurke waschen, schälen und grob raspeln. Die Minze waschen, trockenschütteln und in Streifen schneiden. Gurkenwürfelchen und Minzstreifen mit dem Joghurt verrühren. Das Olivenöl und den Essig unterrühren und das Tzatziki mit Salz und Pfeffer abschmecken.

Knoblauchmayonnaise

Im Urlaub hat man Besseres zu tun, als aus Eigelb und Öl eine Mayonnaise zu rühren. Ich habe immer ein paar Gläser eines guten Fertigprodukts im Kühlschrank. 6 Knoblauchzehen abziehen, durch die Knoblauchpresse drücken und mit der Mayonnaise verrühren, fertig.

Marokkanische Kichererbsen

Diese Beilage passt perfekt zu gegrilltem Lamm und ist im Handumdrehen fertig. Ich habe das Rezept für Rowland erfunden, als er bei Celebrity Britain's Best Dish mitgemacht hat – es ist bei der Jury sehr gut angekommen!

Für 4 Personen
2 EL Olivenöl
1 Zwiebel, fein gehackt
1 Stange Sellerie, fein gehackt
3 Knoblauchzehen, zerdrückt
150 g Kirschtomaten, geviertelt
2–3 kleine rote Chilischoten, entkernt und fein gehackt
250 ml Weißwein
300 ml Brühe
½ TL gemahlener Kreuzkümmel (Cumin)
¼ TL Paprikapulver
400 g Kichererbsen (aus der Dose)
Salz und Pfeffer aus der Mühle

Das Olivenöl in einem Topf erhitzen und die Zwiebeln darin andünsten. Nacheinander Sellerie, Knoblauch und Tomaten hinzufügen und mitdünsten. Zum Schluss die Chilistückchen dazugeben und alles 2 bis 3 Minuten unter Rühren braten. Weißwein und Brühe angießen und 5 Minuten köcheln lassen. Mit Kreuzkümmel und Paprikapulver würzen. Die Kichererbsen in ein Sieb abgießen, abspülen, abtropfen lassen und zur Gemüsemischung in den Topf geben. Weitere 5 Minuten köcheln lassen und das Ganze mit Salz und Pfeffer abschmecken.

Spargel in Butter

Es gibt nichts Köstlicheres als in Butter geschwenkten Spargel – außer vielleicht Spargel mit Sauce Hollandaise. Aber deren Zubereitung sollte man sich für zu Hause aufsparen.

Für 4 Personen
pro Person 200 g weißer Spargel als Beilage, 500 g als Hauptgericht
1 TL Salz
1 TL Zucker
1 EL Zitronensaft
50 g Butter
1 Bund Petersilie, fein gehackt

Den Spargel waschen und schälen; die unteren, holzigen Enden abschneiden. In einem Topf Wasser mit dem Salz, dem Zucker, dem Zitronensaft und einem kleinen Stück Butter zum Kochen bringen und den Spargel darin garen. Die Garzeit hängt von der Dicke der Stangen ab; sie sollten weich, aber noch bissfest sein.
Den Spargel mit einem großzügigen Stück Butter und etwas fein gehackter Petersilie servieren.

Zucchini mit Knoblauch und Petersilie

Dies ist eigentlich schon eine Mahlzeit für sich. Durch ihren frischen Geschmack sind die Zucchini aber auch der ideale Begleiter zu gegrilltem Lamm.

Für 4 Personen
6 Zucchini
15 g Butter
1 EL Olivenöl
4 Knoblauchzehen, geschält
1 EL Pinienkerne
Saft von ½ Zitrone
1 EL Petersilie, gehackt
Salz

Die Zucchini waschen, putzen und längs vierteln. Die Butter und das Olivenöl in einer großen Pfanne erhitzen und die Zucchiniviertel 2 bis 3 Minuten darin anbraten, dann wenden und den Knoblauch dazupressen. Das Ganze etwa 1 Minute weiterbraten, dann die Pinienkerne dazugeben. Darauf achten, dass sie nicht verbrennen. Sobald die Zucchini goldbraun gebraten sind, vom Feuer nehmen, mit dem Zitronensaft beträufeln, mit der Petersilie bestreuen, mit Salz würzen und sofort servieren.

Babygemüse

Mit diesem Gericht bringen Sie Kinder spielend dazu, das sonst so verhasste Gemüse zu essen. Ich bereite das Babygemüse oft in der Wohnwagenküche zu: Es geht schnell, ist gesund und sieht einfach zauberhaft aus!

Für 4 Personen
200 g Babyzucchini
200 g Babymais (aus der Dose)
1 EL Butter
1 EL Olivenöl
etwas Salz
Petersilie, fein gehackt

Die Zucchini waschen, putzen und längs halbieren. Das nimmt ihnen den bitteren Geschmack. Den Mais in ein Sieb abgießen.
Die Butter und das Olivenöl im Wok oder in einem Topf erhitzen. Das Gemüse hineingeben und etwa 3 Minuten unter Rühren braten. Die Zucchini sollten sich am Rand gerade eben goldbraun verfärben. Das Gemüse sehr zurückhaltend salzen, mit Petersilie bestreuen und sofort servieren.

Ratatouille

Jedes Mal – und ich meine wirklich jedes Mal! –, wenn wir grillen, gibt es Ratatouille dazu. Gegrilltes Fleisch braucht einen saftigen Begleiter, und diese Aufgabe erfüllt die Ratatouille perfekt.

Für 4 Personen
2 große Gemüsezwiebeln
5 Tomaten
1 Aubergine
2 Zucchini, in Scheiben geschnitten
je 1 rote und gelbe Paprikaschote
2 EL Olivenöl
100 ml Weißwein
100 ml Gemüsebrühe (Instant)
3 Knoblauchzehen, geschält
Salz und schwarzer Pfeffer aus der Mühle
2 Bund Petersilie, gewaschen, fein gehackt

Die Zwiebeln schälen und grob hacken. Die Tomaten waschen und jeweils in 8 Spalten schneiden. Aubergine und Zucchini in Scheiben schneiden, die Paprika waschen, entkernen und in mundgerechte Stücke schneiden
Das Olivenöl in einer großen, tiefen Pfanne erhitzen und die Zwiebeln darin anschwitzen. Aubergine, Zucchini und Paprika dazugeben und kurz anbraten, dann die Tomaten zum restlichen Gemüse geben und kurz mitbraten. Das Ganze mit dem Wein und der Brühe ablöschen, den Knoblauch darüberpressen und bei großer Hitze unter häufigem Umrühren kochen lassen, bis die Flüssigkeit auf etwa ein Drittel reduziert ist. Mit Salz und Pfeffer abschmecken und mit reichlich Petersilie bestreuen.

Maiskolben

Dieser beliebte Klassiker darf auf keinem Grillfest fehlen.

Für 4 Personen
4 Maiskolben
etwas Salz
1 EL Petersilie, fein gehackt
1 EL frischer Koriander, fein gehackt
100 g weiche Butter
Salz und schwarzer Pfeffer aus der Mühle

Die Maiskolben waschen, trocknen und halbieren. In einem Topf Salzwasser zum Kochen bringen und die Maiskolben darin 10 Minuten garen.
In der Zwischenzeit die Kräuter mit der Butter und 1 Prise Salz verrühren. Die fertigen Maiskolben noch einmal halbieren, nach Geschmack salzen und pfeffern und mit jeweils 1 Klecks Kräuterbutter servieren.

Nudelsalat

Auch dieses Gericht darf bei uns nicht fehlen, wenn wir grillen. Der Nudelsalat kann warm, lauwarm oder kalt verzehrt werden. Unsere Kinder verkürzen sich damit immer die Wartezeit, während das Fleisch oder der Fisch gegrillt wird, Rowland und ich genießen den Salat als Beilage.

Für 4 Personen
400 g Nudeln (Muscheln oder Fusilli)
etwas Salz
1 EL Olivenöl
1 große oder 2 kleine Zwiebeln, fein gehackt
1 rote Paprikaschote, fein gewürfelt
400 g Mais (aus der Dose)
½ TL gemahlener Kreuzkümmel (Cumin)
½ Glas Mayonnaise
2 TL Dijonsenf
1 Prise Zucker
Salz und schwarzer Pfeffer aus der Mühle

Die Nudeln in reichlich Salzwasser nach Packungsanweisung »al dente« kochen.
In der Zwischenzeit das Olivenöl in einer Pfanne erhitzen und die Zwiebeln darin anschwitzen. Die Paprikaschote hinzufügen und etwa 1 Minute mitbraten. Den Mais in ein Sieb abgießen und dazugeben. Das Ganze mit Kreuzkümmel bestäuben und weitere 2 Minuten unter Rühren braten
Die Nudeln in ein Sieb abgießen und mit der Gemüsemischung in eine Salatschüssel geben. Die Mayonnaise mit dem Senf, dem Zucker, Salz und Pfeffer verrühren, über den Salat geben und alles gut vermischen.

Mariniertes Chilihähnchen

Wir grillen das Hähnchen immer, doch Sie können es ebenso gut in der Grillpfanne zubereiten. Da es recht scharf wird, mache ich immer zwei getrennte Marinaden: eine mit und eine ohne Chili, für die Kinder.

Für 4 Personen
4 Hähnchenbrustfilets
2 Knoblauchzehen
1 grüne Chilischote, entkernt und in Streifen geschnitten
1 TL Chiliflocken
1 Prise Safran
20 Blättchen Minze
2 EL Olivenöl
1 EL Honig, etwas Salz

Geschnippelt werden muss bei diesem Rezept nicht viel, die Zutaten werden einfach püriert. Zunächst die Hähnchenbrustfilets gründlich waschen und trockentupfen; jedes Filet in 3 bis 4 Streifen schneiden. Das Fleisch in eine Schüssel legen.
Den Knoblauch schälen, mit den restlichen Zutaten in einen hohen Rührbecher geben und mit dem Stabmixer pürieren. Die Marinade auf den Hähnchenbrustfiletstreifen verteilen und mindestens 1 Stunde einziehen lassen.
Das Hähnchen entweder auf dem Grill oder in der Grillpfanne bei mäßiger Temperatur grillen, dabei alle 2 bis 3 Minuten wenden, damit es außen nicht schwarz wird. Die Garzeit hängt von der Dicke der Streifen ab, beträgt aber rund 15 Minuten. Vor dem Servieren leicht salzen.

Lachspäckchen

In der Kochschule haben wir für dieses Rezept Pergamentpapier verwendet, was eine ziemliche Fummelei war. Mit Alufolie tun Sie sich wesentlich leichter. Die Lachspäckchen sind einfach köstlich: Hier wird das Gemüse mit dem Fisch in der Folie gedünstet.

Für 4 Personen
2 Stangen Lauch
2 Karotten
4 Lachsfilets à ca. 125 g
100 g Butter
Getrockneter Thymian
Getrockneter Oregano
Frische Petersilie, fein gehackt
etwas Salz und schwarzer Pfeffer aus der Mühle

Den Ofen auf 200 °C (Gas Stufe 3–4) vorheizen. Den Lauch und die Karotten putzen und waschen. Den Lauch in feine Ringe, die Karotten in sehr feine Streifen schneiden. Den Lachs abspülen und trockentupfen. Jedes Lachsfilet auf ein Stück Alufolie geben und mit dem Gemüse belegen. Die Butter in Flöckchen darauf verteilen und das Ganze mit Thymian, Oregano, Petersilie, Salz und Pfeffer bestreuen. Die Alufolie zu Päckchen verschließen und diese etwa 10 Minuten im Ofen oder auf dem Grill garen.
Zum Servieren die Päckchen öffnen, den Lachs auf Teller geben und mit dem Buttergemüse anrichten. Dazu passen mit Butter und Minze verfeinerte Frühkartoffeln.

Hähnchenbrust in Folie

Die Hähnchenbrust fehlt auf unserem Grill nie, wenn wir mit dem Wohnwagen unterwegs sind. Die Folie verhindert, dass das Fleisch zu trocken wird. Rechnen Sie pro Person 1 Hähnchenbrustfilet.

Hähnchenbrustfilets
20 g Butter
2 Zehen Knoblauch, in Scheiben geschnitten
1 Bund Petersilie, fein gehackt
Salz und schwarzer Pfeffer aus der Mühle

Die Hähnchenbrustfilets gründlich waschen und trockentupfen. Jede Hähnchenbrust auf ein größeres Stück Alufolie legen, aufschneiden und mit 1 Stückchen Butter, einigen Knoblauchscheiben sowie 1 Teelöffel Petersilie füllen, salzen und pfeffern. Die Hähnchenbrust wieder schließen und fest in die Folie einwickeln. Die Päckchen auf den Grill legen und alle 6 bis 7 Minuten wenden. Insgesamt beträgt die Garzeit rund 25 Minuten.
Zum Servieren die Päckchen öffnen und die Hähnchenbrustfilets mit der Knoblauch-Kräuter-Butter anrichten.

Knoblauchlinguine mit Rostbratwurst

Dieses Gericht eignet sich hervorragend, um eine ganze hungrige Familie satt zu kriegen, insbesondere wenn man den ganzen Tag unterwegs war. Dann wirft man schnell den Grill an, legt die Bratwürste auf und bereitet in der Zwischenzeit die Pasta zu. Beides vermengen – fertig!

Für 4 Personen
8 Rostbratwürste
500 g Linguine
Salz
4 ELOlivenöl
4 Knoblauchzehen, zerdrückt
etwas Salz und schwarzer Pfeffer aus der Mühle
2 EL Petersilie, fein gehackt

Den Grill anzünden, warten, bis die Holzkohle durchgeglüht ist, und die Bratwürste auflegen.
In der Zwischenzeit die Nudeln in reichlich Salzwasser nach Packungsanweisung »al dente« kochen, in ein Sieb abgießen und beiseitestellen.
Die fertig gegrillten Bratwürste in etwa 2 Zentimeter dicke Stücke schneiden.
Auf ein Backblech 3 bis 4 Esslöffel Olivenöl geben und das Blech auf dem Herd erhitzen. Achtung: Das geht sehr schnell! Die Bratwurststücke und den Knoblauch in das Öl geben und unter Rühren erhitzen.Die Nudeln auf das Backblech geben, die Kochstelle ausschalten, alles gut vermischen, mit Salz und Pfeffer würzen und mit der Petersilie bestreuen.

Marinierte Lammkoteletts

Lamm schmeckt besonders köstlich, wenn es vor dem Garen eingelegt wird, und mit dieser Marinade haben Sie kaum Arbeit. Ich mache die Marinade morgens, lege die Koteletts ein, decke sie mit Klarsichtfolie ab und lasse sie den Tag über durchziehen. Da unser Kühlschrank meist überquillt, stelle ich die Schüssel in den ausgeschalteten Ofen – der wahrscheinlich kühlste Ort im Wohnwagen!

Für 4 Personen
8 Lammkoteletts
Salz und Pfeffer

Für die Marinade
6 Knoblauchzehen
Saft von 1 Zitrone
½ TL getrockneter Thymian
½ TL getrockneter Oregano
250 ml Olivenöl

Für die Marinade den Knoblauch schälen und durch die Knoblauchpresse in eine Schüssel drücken. Mit den restlichen Zutaten für die Marinade verrühren.
Die Lammkoteletts waschen, trockentupfen und in die Marinade legen. Möglichst den ganzen Tag durchziehen lassen, dabei mindestens einmal wenden. Im Grunde brauchen die Koteletts nicht länger als 1 Stunde Marinierzeit, sie schmecken aber umso besser, je länger man sie in der Marinade lässt.
Die Koteletts auf dem Grill grillen oder in der Grillpfanne braten. Ein medium gebratenes Lammkotelett, das in der Mitte noch rosa ist, braucht etwa 5 Minuten Garzeit auf jeder Seite. Die fertig gegrillten Lammkoteletts mit etwas Salz und Pfeffer bestreuen und heiß servieren.

Schweinelende vom Grill

Die Schweinelende eignet sich besonders gut zum Grillen und bietet sich an, wenn Sie eine größere Menge verköstigen wollen. Dann sollten Sie allerdings 2 Lenden nehmen. Eine Schweinelende reicht für 4 Personen. Behalten Sie das Fleisch während des Grillens im Auge, es muss alle 10 Minuten gewendet und mit Sirup bepinselt werden.

Für 4 Personen
1 Schweinelende von etwa 700 g
3 EL Ahornsirup
Salz und schwarzer Pfeffer aus der Mühle

Den Grill anzünden und warten, bis die Holzkohle durchgeglüht ist. In der Zwischenzeit die Schweinelende waschen und trockentupfen. Von Fett und Häuten befreien.
Sobald die Kohlen gut durchgeglüht sind, diese auf eine Seite des Grills schieben; das Fleisch sollte nicht direkt über der Glut gegrillt werden, da es sonst anbrennt. Etwas Alufolie auf den Grill legen oder eine Grillschale verwenden.
Das Fleisch auf einer Seite mit Ahornsirup einpinseln und mit dieser Seite nach oben auf den Grill legen. Alle 10 Minuten wenden und das Fleisch erneut mit Sirup bepinseln. Am besten einen verschließbaren Grill verwenden; die Garzeit beträgt rund 40 Minuten.
Das Fleisch in Scheiben schneiden, mit etwas Salz und Pfeffer bestreuen und servieren. Dazu passt Schnittlauchsauce (Rezept siehe S. 61).

4. ZU BIER, WEIN & CO.

Es gehört zu den schönsten Erlebnissen beim Campen, wenn abends Nachbarn zu uns kommen und mit uns über Campingabenteuer und -desaster plaudern. Und davon kann wirklich jeder ein Lied singen! Auf den folgenden Seiten finden Sie leckere Kleinigkeiten, die schnell zubereitet sind und zu einem Gläschen Bier oder Wein geknabbert werden können. Das macht einen viel besseren Eindruck, als einfach eine Tüte Chips auf den Campingtisch zu stellen.
Außerdem finden Sie in diesem Kapitel einen Abschnitt, der eigens auf leere Teenagermägen abgestimmt ist. Im Urlaub nimmt man es mit den Schlafenszeiten nicht so genau, und Jugendliche haben einfach immer Hunger, auch nachts. Da ist es gut, wenn man schnell ein paar Leckereien aus dem Hut zaubern kann.

Oliven in Knoblauch, Chili und Petersilie

Die scharfe Marinade macht aus den Oliven einen südländisch feurigen Genuss.

160 g schwarze Oliven ohne Stein
200 ml Olivenöl
3 Knoblauchzehen, fein gehackt
1 rote Chilischote, entkernt und fein gehackt
1 EL Petersilie, fein gehackt

Die Oliven in ein Sieb abgießen und in eine kleine Servierschüssel füllen. Das Olivenöl darübergießen. Knoblauch, Chili und Petersilie dazugeben und alles vermengen. Wie bei allen marinierten Gerichten schmecken auch die eingelegten Oliven besser, wenn sie ein paar Stunden Zeit zum Durchziehen hatten.

Pikante Nüsse

Die kleine Knabberei ist ideal, wenn Campingplatznachbarn auf ein Glas Wein oder Bier herüberkommen. Es kann allerdings sein, dass bei der Zubereitung der Feueralarm losgeht ... Verwenden Sie nach Möglichkeit Nussöl, alternativ Olivenöl.

1 EL Öl
4 EL Zucker
2 Prisen gemahlener Kreuzkümmel (Cumin)
$^{1}/_{2}$ TL Chiliflocken
200 g ungesalzene gemischte Nüsse

Den Wok mit Öl einfetten. Zucker, Kreuzkümmel und Chiliflocken in den Wok geben und erhitzen. Sobald der Zucker zu karamellisieren beginnt, die Nüsse dazugeben und unter Rühren ebenfalls erhitzen. Dabei fängt das Öl an zu rauchen, der Vorgang dauert aber nicht lange. Sobald der Zucker eine goldbraune Farbe angenommen hat, sofort den Herd ausschalten. Die Nüsse in eine Schüssel geben und etwa 5 Minuten abkühlen lassen. Vorsicht: Direkt aus dem Wok sind die Nüsse sengend heiß! Aneinanderklebende Nüsse mit einem Holzlöffel trennen.

Gegrillter Halloumi

Der gegrillte Halloumi gehört zu meinen Lieblingsbeilagen. Er erinnert mich immer an wunderbare warme Sommerabende.

Für 4 Personen
250 g Halloumi (ein mediterraner Käse, der Mozzarella ähnelt, aber beim Erhitzen nicht schmilzt)
1 TL Olivenöl
1 Bund Petersilie, fein gehackt

Den Halloumikäse wie einen kleinen Laib Brot in etwa 5 Millimeter dicke Scheiben schneiden.
Das Olivenöl in einer Grillpfanne erhitzen und den Halloumi darin auf beiden Seiten goldbraun braten. Mit Petersilie bestreut servieren.

Gebratene Artischockenherzen

Die gebratenen Artischockenherzen sind ausgesprochen vielseitig: Sie passen zu Grilladen ebenso gut wie zu Salaten. Mir macht es nichts aus, wenn das Rezept nur nach einer halben Zitrone verlangt – bei mir liegt die andere Hälfte nie lange herum. Wenn man sie beispielsweise offen 2 bis 3 Tage im Kühlschrank aufbewahrt, duftet es dort drinnen herrlich frisch und fruchtig.

Für 4 Personen
280 g Artischockenherzen (aus der Dose oder dem Glas)
2 EL Butter
1 EL Olivenöl
3 Knoblauchzehen, zerdrückt
Saft von ½ Zitrone
1 Prise getrockneter Estragon
1 TL Petersilie, fein gehackt
Salz und schwarzer Pfeffer aus der Mühle

Die Artischocken in ein Sieb abgießen, abtropfen lassen und halbieren.
Die Butter und das Olivenöl in einer Pfanne erhitzen. Knoblauch und Zitronensaft in die Pfanne geben und den Knoblauch andünsten. Die Artischockenherzen dazugeben und mit Estragon und Petersilie bestreuen. Nach 2 Minuten die Artischocken wenden und 1 Minute auf der anderen Seite braten. Auf einer Servierplatte anrichten und mit der Sauce beträufeln. Mit Salz und Pfeffer würzen und sofort servieren.

Panierte Garnelen

Die mache ich immer für die Kinder, wenn Rowland am Grill steht. Die Kinder haben etwas Ähnliches das erste Mal in einem Restaurant gegessen und waren begeistert. Deshalb habe ich eine vereinfachte Version erfunden – hier ist sie!

Für 4 Personen
500 g küchenfertige Riesengarnelen
4 Frühlingszwiebeln, in feine Ringe geschnitten
150 g Mehl, gesiebt
etwas Salz
1 EL Sesamsamen
1 Ei
100 g grober Zucker (Streuzucker)
reichlich Olivenöl zum Braten

4 Grillspieße aus Holz so zuschneiden, dass sie in die Pfanne passen, und gründlich wässern.
Die Riesengarnelen bei Bedarf schälen, anschließend waschen und trockentupfen. Längs in Form eines C auf die Grillspieße auffädeln.
Die Frühlingszwiebeln putzen, waschen und in feine Ringe schneiden. Die Frühlingszwiebelringe mit dem Mehl, dem Salz und den Sesamsamen in einen großen, tiefen Teller geben und verrühren. Das Ei in einen zweiten großen Teller aufschlagen und mit dem Zucker verquirlen.
Die Garnelenspieße zuerst in der Mehlmischung, dann im Ei und nochmals im Mehl wenden. Reichlich Olivenöl in einer Pfanne erhitzen und die Garnelenspieße auf jeder Seite etwa 2 Minuten darin braten. Sofort servieren.

Frittierte Sardinen

Wenn Sie frische Sardinen bekommen: umso besser! Doch tiefgefrorene tun es auf jeden Fall auch.

Für 4 Personen
450 g Sardinen (frisch oder TK)
75 g Mehl
1 TL Salz
etwas schwarzer Pfeffer aus der Mühle
ca. 300 ml Olivenöl
1 Zitrone, in Spalten geschnitten

Tiefgefrorene Sardinen auftauen lassen, frische waschen und trockentupfen. Küchenpapier neben dem Herd bereitlegen.
Das Mehl in eine Schüssel sieben, mit Salz und Pfeffer vermischen und die Sardinen hineinlegen. Die Schüssel schütteln, bis alle Fische gut mit Mehl überzogen sind.
Das Olivenöl im Wok erhitzen und die Fische darin portionsweise jeweils 3 Minuten frittieren . Die Fische sollten vom Öl ganz bedeckt sein. Am Ende der Frittierzeit aus dem Öl nehmen und auf Küchenkrepp abtropfen lassen. So weiter verfahren, bis alle Fische frittiert sind, dabei eventuell Öl nachgießen. Sofort mit Zitronenspalten servieren. Dazu passen Knoblauchmayonnaise und Baguette (Rezept siehe S. 94).

Tipp: Dieses Gericht lässt sich auch mit Sprotten zubereiten, wenn Sie z. B. an der Ostsee Urlaub machen.

Pink-Grapefruit-Limonade

Dies ist vor allem an heißen Sommertagen ein unglaublich erfrischendes Getränk. Es hat etwas Nostalgisches, Limonade selbst zuzubereiten – außerdem ist es beruhigend, genau zu wissen, was drin ist.
Wenn Sie es lieber klassisch mögen, können Sie die Grapefruit natürlich auch durch 5 Zitronen ersetzen.

200 g Zucker
Saft von 2 Pink Grapefruit
500 ml Mineralwasser mit Kohlensäure

Den Zucker mit 200 Milliliter Wasser in einen Krug geben und so lange umrühren, bis sich der Zucker vollständig aufgelöst hat. Den Grapefruitsaft unterrühren, die Limonade mit dem Mineralwasser aufgießen und mit viel Eis gekühlt servieren.

FÜR HUNGRIGE TEENAGER

Teenager haben erfahrungsgemäß immer Hunger, was aber nicht heißt, dass Sie auch rund um die Uhr in der Küche stehen müssen. Auf den folgenden Seiten finden Sie schnelle und schmackhafte Gerichte für allzu laut knurrende Mägen.

3 Topp-Tipps für Teenager

Würstchen aus der Hand: Werfen Sie beim Kochen gleich ein paar Bratwürstchen mit in die Pfanne. Sie sind schnell zubereitet und stillen schon mal den gröbsten Hunger, wenn die Kinder vom Strand kommen. Die Würstchen schmecken warm in einem Brötchen oder einem Stück Baguette oder einfach so, ohne Brot. Sie werden sehen: Am Ende des Tages sind alle verschwunden.
Fischstäbchen einmal anders: Es empfiehlt sich, immer ein paar Fischstäbchen im Tiefkühlfach zu haben – auch wenn dieses im Wohnwagen noch so winzig ist. Einfach in die Pfanne werfen, zwischen zwei Brötchenhälften klemmen, etwas Mayonnaise darauf, und fertig ist das bei Kindern sehr beliebte Fischstäbchensandwich!
Blitz-Pizza: Wenn das Wetter einmal nicht mitspielt, können Sie die Kinder beschäftigen, indem Sie ihnen kleine Pizzaböden bereiten, die sie dann ganz nach Geschmack belegen können. Schnippeln, reiben, fantasievoll belegen – das macht auch an einem Regentag richtig Spaß.

Schnelle Holunderblüten-limonade

Selbst gemachte Limonade ist toll, doch manchmal muss es sehr schnell gehen, und dann ist dieses erfrischende Getränk genau das Richtige.

3–4 Blättchen Minze
Eiswürfel
Holunderblütensirup nach Geschmack
Mineralwasser mit Kohlensäure

Die Minze waschen, trockenschütteln und in feine Streifen schneiden.
Einen großen Krug zu einem Drittel mit Eiswürfeln füllen. Holunderblütensirup hineingeben – die Menge hängt vom persönlichen Geschmack ab, meine Kinder mögen es gern süß. Mit Mineralwasser auffüllen und mit Minze bestreut servieren.

Rice-Krispie-Kuchen

Dieses Rezept ergibt einen herrlich klebrigen Kuchen, der auch noch glänzt. Schokoladenüberzug war gestern – mit dieser Glasur kommt garantiert keine Langeweile auf. Ich bereite in den Ferien alle paar Tage einige dieser Kuchen zu. Im letzten Sommer hat mein Sohn Dan eines Nachts die ganze Familie aufgeweckt, als er zum Wohnwagen zurückkam und in der Küche herumpolterte, weil er etwas Essbares suchte. Einmal und nie wieder – fortan stellte ich ihm eine kleine Tupperdose mit dem Kuchen auf den Tisch. Es hat funktioniert. Man kann die Kuchenschnitten aber auch mit zum Picknick nehmen.

etwas Fett für das Blech
100 g Butter
2 EL Rübensirup
2 EL Kakaopulver
100 g Rice Krispies

Ein Backblech einfetten. Die Butter in einem großen Topf zerlassen. Den Rübensirup hineingeben, mit dem Kakaopulver bestäuben und verrühren. Alles 1 bis 2 Minuten kochen lassen, dann den Herd ausschalten und die Rice Krispies in die Mischung geben.
Die Mischung gleichmäßig auf dem Backblech verteilen und 30 Minuten bei Zimmertemperatur oder 15 Minuten im Kühlschrank fest werden lassen. In Quadrate schneiden und in einem luftdicht verschließbaren Behälter aufbewahren.

Pommes d'amour

Als Kind habe ich kandierte Äpfel geliebt! Als ich sie das erste Mal für meine Kinder zubereitete, hatten sie ein wenig Angst hineinzubeißen. Heute sind Pommes d'amour von unserem Speiseplan nicht mehr wegzudenken. Für Rowland und mich schneide ich einen Apfel immer in zwei Hälften – denn heute haben wir Angst, uns an der Köstlichkeit die Zähne auszubeißen.

Für 6 Stück

6 Äpfel (Cox Orange oder eine andere kleine Tafelapfelsorte)
6 Lutscherstäbchen aus Holz
Fett für das Blech
225 g Demerara-Zucker (brauner Rohrzucker)
2 EL Butter
1 TL Malzessig; ersatzweise ein anderer aromatischer Essig
1 EL Rübensirup

Die Äpfel waschen und trockenreiben. In jeden Apfel ein Lutscherstäbchen stecken. Ein Backblech einfetten.
Zucker, Butter, Malzessig und Rübensirup mit 5 Esslöffel Wasser in einen Topf geben und langsam erhitzen, bis sich der Zucker aufgelöst hat. Anschließend aufkochen und etwa 6 Minuten bei starker Hitze kochen lassen. Der Guss ist fertig, wenn er sich dunkelbraun verfärbt hat.
Die Äpfel nacheinander in den Guss tauchen, 10 Sekunden darin drehen. Auf das Backblech setzen und abkühlen lassen. Dabei steht das Backblech am besten neben dem Herd, damit sich keine Karamellspur durch die Küche zieht.

Knusprige Hähnchenbrust

Die Hähnchenbruststreifen kommen bei unseren Kindern riesig an. Wenn Rowland und ich mal im Restaurant des Campingplatzes essen gehen, bereite ich immer dieses Gericht für sie zu. Sie mögen es nicht allzu würzig, aber das können Sie natürlich ganz nach Geschmack ändern.

Für 4 Personen
4 große Hähnchenbrustfilets
2 Eier
10 gehäufte EL Cornflakes
1 TL gemahlener Kurkuma (Gelbwurz)
1 TL gemahlener Kreuzkümmel (Cumin)
1 TL gemahlener Koriander
½ TL Chilipulver
2 TL Zucker
4 EL Mehl
1 TL Salz
Olivenöl zum Braten

Die Hähnchenbrustfilets waschen, trockentupfen und jeweils in 4 bis 5 Streifen schneiden. Die Eier in eine Schüssel aufschlagen und verquirlen. Die Cornflakes in einen Plastikbeutel geben, mit dem Nudelholz zermahlen, in eine zweite Schüssel geben und mit Kurkuma, Kreuzkümmel, Koriander, Chilipulver, Zucker, Mehl und Salz vermischen.
Die Hähnchenbruststreifen zuerst in der Cornflakes-Mischung, dann im Ei und anschließend nochmals in der Cornflakes-Mischung wenden.
Etwas Olivenöl in einer Grill- oder Bratpfanne erhitzen und die Hähnchenbruststreifen rundum darin braten. Mit Ketchup und Zitronenspalten servieren.

5. DESSERTS

Wenn wir mit dem Wohnwagen unterwegs sind, kaufe ich oft lokale Spezialitäten zum Nachtisch, vor allem in Frankreich, wenn eine gute Patisserie in der Nähe ist. Auf der Isle of Wight besorge ich immer Minghella-Eiscreme. Unschlagbar sind natürlich auch Erdbeeren mit Sahne: Die Erdbeeren bestreue ich einige Stunden vorher mit 2 Esslöffel Zucker – das ergibt einen himmlischen Sirup! Doch an manchen Tagen muss es einfach ein selbst gemachtes Dessert sein. Die Gerichte auf den folgenden Seiten sind alle schnell und leicht zuzubereiten und nehmen keinen Platz im Kühlschrank weg. Unser Favorit ist das Schoko-Fondue (Rezept siehe S. 141), und wenn es auf dem Speiseplan steht, sitzen wir manchmal noch lange nach Mitternacht im Schein des Rechauds am Campingtisch.

Crêpes

Dieses Grundrezept für Crêpes ist wunderbar vielseitig: Beim Belegen sind Ihrer Fantasie keine Grenzen gesetzt. Zu unseren Lieblingsfüllungen gehören Nutella, Eiscreme, Zitrone und Zucker sowie Rübensirup. Oder Sie probieren es einmal mit der ungewöhnlichen Kombination Bacon und Banane, Maltesers-Schokoladekugeln oder karamellisierten Ananasstückchen.

Für 6 Stück
4 Eier
140 g Mehl
250 ml Milch
1 Prise Salz
Butter zum Ausbacken

Eier, Mehl, Milch und Salz in dieser Reihenfolge – auf diese Weise bleibt das Mehl nicht am Boden der Schüssel kleben – in eine Rührschüssel geben und mit dem Handrührer zu einem glatten Teig verarbeiten. Den Teig 30 Minuten ruhen lassen.
Etwas Butter in einer Pfanne zerlassen und 1/6 des Teigs hineingeben. Die Pfanne etwas schwenken, um den Teig über den Pfannenboden zu verteilen, und den Crêpe auf beiden Seiten goldgelb ausbacken. Mit dem Rest des Teigs ebenso verfahren. Die Crêpes nach Geschmack belegen bzw. füllen und sofort servieren.

Camping-Streusel

Manchmal muss es ein ganz bestimmter Nachtisch sein: ein Apfel-Crumble mit Vanillesauce. Dieses Rezept erfordert eine sehr geringe Backzeit, mindert den Geschmack eines klassischen Apfel-Crumbles aber nicht im Geringsten. Das Dessert lässt sich gut vorbereiten; gebacken werden kann es dann kurz vor dem Servieren.

Für 4 Personen
6 Äpfel
Saft und abgeriebene Schale von 1/2 unbehandelten Zitrone
200 g Butterkekse
100 g brauner Zucker
100 g Butter

Den Ofen auf 200 °C (Gas Stufe 3–4) vorheizen. Die Äpfel waschen, schälen, vom Kerngehäuse befreien, in grobe Stücke schneiden und mit dem Zitronensaft beträufeln, damit sie sich nicht verfärben.
Die Butterkekse mit dem Nudelholz zu Bröseln zermahlen. Die Apfelstücke mit 100 Milliliter Wasser, dem Zucker und der Butter in einen Topf geben, aufkochen und anschließend etwa 6 Minuten köcheln lassen. Die Äpfel sollten gar, aber noch bissfest sein. Die Apfelstücke in ein Sieb abgießen, dabei die Garflüssigkeit auffangen. Die Garflüssigkeit in den Topf zurückgießen und unter Rühren weitere 5 Minuten einkochen, bis sie dickflüssig wie ein Sirup ist.
Die Äpfel in eine feuerfeste Form geben und mit dem Sirup übergießen. Die Butterkeksbrösel mit dem Zitronenabrieb vermischen und über die Äpfel streuen. Das Ganze 10 Minuten im Ofen überbacken und anschließend heiß mit Vanillesauce oder Vanilleeis servieren.

Blätterteigtaschen mit Beeren

Die Blätterteigtaschen sehen aus wie aus einer französischen Patisserie. Eine Packung Blätterteig ergibt 5 oder 6 kleine Teigtaschen.

Für 4 Personen
375 g Blätterteig (TK)
200 g Heidelbeeren
200 g Erdbeeren, geviertelt
20 g Butter
5 TL brauner Zucker
1 Ei, verquirlt

Den Ofen auf 180 °C (Gas Stufe 2–3) vorheizen. Den Blätterteig 10 Minuten bei Zimmertemperatur antauen lassen und die Platten anschließend dünn ausrollen. 5 oder 6 Kreise mit einem Durchmesser von 17 Zentimetern ausstechen. Die Heidelbeeren verlesen und waschen. In die Mitte eines jeden Teigkreises einige Erdbeeren und 5 bis 6 Heidelbeeren geben, 1 Butterflöckchen daraufsetzen und mit 1 Teelöffel Zucker bestreuen. Dier Ränder der Teigkreise mit dem verquirlten Ei bepinseln und die Kreise zu kleinen Taschen verschließen. Auch außen mit Ei bepinseln und mit etwas Zucker bestreuen. Die Blätterteigtaschen 15 Minuten im Ofen backen und mit je 1 Kugel Vanilleeis servieren.

Crème brûlée mit Trauben

Diese Crème brûlée gehört zu meinen Lieblingsdesserts. Ich ernte dafür meist so viel Lob, dass es mir fast peinlich ist zuzugeben, wie einfach die Zubereitung ist. Die Creme ist leicht und schmeckt frisch, weil ich dafür statt Eigelb und Milch griechischen Joghurt verwende – eine wunderbare Mischung aus süß und herb.

Für 4 Personen
100 g kernlose helle Weintrauben, halbiert
500 g griechischer Joghurt
75 g Kristallzucker
75 g brauner Zucker

Die Trauben in einer kleinen feuerfesten Form verteilen und den Joghurt daraufgeben. Mit Klarsichtfolie abdecken und kühl stellen.
Den Backofengrill einschalten. Die beiden Zuckersorten vermischen und auf die Joghurtschicht streuen. Unter dem Grill etwa 5 Minuten karamellisieren lassen und sofort servieren.

Tipp: Zum Karamellisieren dieses Desserts verwenden Sie am besten einen Gasgrill.

Crunchie Bars mit Zitronencreme

Dieses Dessert müssen Sie unbedingt einmal ausprobieren – es schmeckt himmlisch leicht und ist im Nu fertig! Es sieht ein bisschen wie Siebzigerjahre aus, aber irgendwie passt das ja auch zum Wohnwagen. Die Zitronencreme macht sich auch sehr gut zu Baiser und frischen Früchten.

Für 4 Personen
300 g Crème double
4 Crunchie Bars, ersatzweise Mars-Schokoriegel
100 g grober Zucker
Saft von 1 Zitrone

Die Crème double mit dem Handrührer schaumig aufschlagen. Die Crunchie Bars in einen Gefrierbeutel geben und mit dem Nudelholz zerkleinern.
Für die Zitronencreme den Zucker und den Zitronensaft mit 100 Milliliter Wasser in einen Topf geben und aufkochen. Wenn sich der Zucker aufgelöst und die Masse eine sirupartige Konsistenz hat, den Herd ausschalten; der Zucker darf nicht karamellisieren. Den Sirup mit der Crème double verrühren. Die zerkleinerten Crunchie Bars auf 4 Dessertgläser verteilen und die Zitronencreme darübergeben.

Tipp: Crunchies gehören in Großbritannien zu den beliebtesten Schokoladeriegeln. Im deutschsprachigen Raum erhält man sie in Fachgeschäften für britische Lebensmittel sowie im Internet-Versandhandel – und muss dazu nicht einmal lange suchen.

HAT
Dr. Seuss

Mini-Zitronenmuffins

Für 12 Stück
150 g Butter
150 g Zucker
3 Eier
150 g Mehl, gesiebt
¾ TL Backpulver
1 TL Zesten von der Schale von 1 unbehandelten Zitrone
Für den Guss
100 g Puderzucker
Saft von 3 Zitronen

Die Mini-Muffins sind wirklich süß – auch wenn sie mit Zitronenzesten zubereitet werden.

Den Ofen auf 180 °C (Gas Stufe 2–3) vorheizen. Papierförmchen in die Vertiefungen der Mini-Muffinform setzen oder eine Silikonform verwenden.
Für den Guss den Zucker zusammen mit dem Zitronensaft in ein Schraubglas geben und so lange schütteln, bis sich der Zucker aufgelöst hat.
Butter und Zucker in einer großen Schüssel mit dem Handrührgerät cremig aufschlagen. Nacheinander die Eier dazugeben und zu einer feinen Schaummasse verrühren. Das Mehl mit Backpulver und Zitronenzesten vermischen, zum Teig geben und unterrühren.
Den Teig in die Papierförmchen füllen und die Mini-Muffins 20 Minuten im Ofen backen.
Am Ende der Backzeit die Mini-Muffins aus dem Ofen nehmen, mit einem Holz- oder Metallspieß mehrmals einstechen und den Guss löffelweise daraufgeben. Die Muffins in der Form abkühlen lassen. Auf der Oberfläche kristallisiert der Zucker, während sich das Zitronenaroma im Inneren ausbreitet. Die Mini-Muffins mit Joghurtcreme (Rezept siehe S. 139) oder Zitronencreme (Rezept siehe S. 135) servieren.

Zuckerorangen

Dieses Dessert steht im Handumdrehen auf dem Tisch. Die warme Orange harmoniert wunderbar mit der kalten Joghurtcreme (Rezept siehe S. 139).

Für 4 Personen
4 Orangen
50 g Butter
50 g Zucker
1 kleine Prise gemahlener Zimt
1 kleine Prise gemahlene Muskatnuss
1 kleine Prise gemahlener Piment

Die Orangen schälen. Dazu oben und unten einen Deckel abschneiden und die Schale und die weiße Innenhaut mit einem sehr scharfen Messer abschneiden. Dazu die Orangen am besten auf eine Gabel stecken. Die geschälten Orangen quer in Scheiben schneiden.
Die Butter in einer Pfanne zerlassen und den Zucker sowie die Gewürze dazugeben. Mit einem Kochlöffel verrühren, bis sich der Zucker aufgelöst hat. Die Orangenscheiben dazugeben und etwa 2 Minuten auf jeder Seite braten. Die Orangenscheiben auf Tellern anrichten und mit der aromatischen Buttersauce beträufelt servieren. Dazu passt Joghurtcreme (siehe gegenüber).

Joghurtcreme

Die Joghurtcreme stellt eine wunderbar leichte Alternative zu Sahne dar und ist fast schon ein Dessert für sich.

200 g Crème double
200 g griechischer Joghurt
2 EL Puderzucker

Die Crème double mit dem Schneebesen cremig aufschlagen und Joghurt sowie Puderzucker unterrühren. Zugedeckt bis zum Servieren kühl stellen.

Schoko-Fondue

Fondue ist eine herrlich gesellige Art, den Abend zu verbringen; wir sind ganz zufällig darauf gestoßen. Wir besuchten gerade ein Haushaltswarengeschäft, als meine Tochter einen süßen kleinen Keramiktopf mitsamt Rechaud für ein Teelicht auf einem Regal entdeckte – ein Mini-Fondueset, sogar mit kleinen Fonduegabeln. Ich kaufte noch etwas Schokolade und Erdbeeren ein, und nach dem Abendessen versammelten wir uns am Campingtisch und genossen die in geschmolzene Schokolade getauchten Früchte. Diesen Sommer haben wir in einem kleinen Laden in Frankreich ein ähnliches, allerdings größeres Set gefunden. Ich kaufte mehr Schokolade und verschiedene Früchte, und mittlerweile sitzen wir manchmal noch lange nach Mitternacht um das Fondue und kreieren unsere eigenen Schokofrüchte. Wir verzichten hier bewusst auf Mengenangaben, aber Sie können sich darauf verlassen, dass Sie im Zweifelsfall zu wenig eingekauft haben.

Verschiedene frische Früchte
Dunkle Schokolade von guter Qualität

Die Früchte waschen, putzen und gegebenenfalls in mundgerechte Stücke schneiden.
Die Schokolade in Stücke brechen und in den Fonduetopf geben. Erwärmen und die Früchte hineintauchen. Bei uns hat jeder seine Lieblingsfrucht: Ned liebt Trauben, Ella Erdbeeren, Dan mag lieber Mandarinen, Rowland am liebsten Ananas – und ich esse alle gern. Achtung: Hier besteht in jedem Alter akute Suchtgefahr!

BACKEN AN REGENTAGEN

Ich liebe es, an Regentagen zu backen. Ich habe zwei Brotrezepte ausgewählt, weil der Wohnwagen der perfekte Ort ist, um Brot zu backen – nach dem Kneten kann der Teig im warmen, gemütlichen Wohnwagen wunderbar gehen. Ein Rezept für Teegebäck darf natürlich auch nicht fehlen, denn schließlich haben Sie Urlaub und sich eine schöne Tasse Tee oder Kaffee verdient. Außerdem ist Backen eine tolle Art, die Kinder zu beschäftigen, wenn es zu nass ist, um nach draußen zu gehen. Und wenn dann wieder die Sonne scheint, haben Sie gleich leckeres Gebäck fürs Picknick!

Schokotraum

Schokoträume gehören zu meinem Standardrepertoire. Wenn eines meiner Kinder einen Freund zum Spielen einlädt, backe ich sie automatisch. Sie eignen sich außerdem ganz hervorragend zum Picknick, bringen knurrende Kindermägen zum Schweigen und schmecken himmlisch zu einer Tasse Tee oder Kaffee!

Für 12 Stück
100 g Butter
100 g Zucker
2 Eier, verquirlt
100 g Mehl, gesiebt
½ TL Backpulver
2 EL Kakaopulver
150 g Vollmilchschokoladenspäne

Den Ofen auf 180 °C (Gas Stufe 2–3) vorheizen. Papierförmchen in die Vertiefungen der Muffinform setzen oder eine Silikonform verwenden.
Die Butter und den Zucker in eine Rührschüssel geben und mit dem Handrührer schaumig rühren. Die Eier unterrühren. Das Mehl mit dem Backpulver und dem Kakaopulver vermengen und ebenfalls unterrühren. Zum Schluss die Schokoladenspäne mit einem Kochlöffel unterheben.
Den Teig in die Papierförmchen füllen und die Muffins 20 Minuten im heißen Ofen backen. Zur Garprobe die Muffins in der Mitte vorsichtig mit dem Finger drücken; federn sie zurück, sind sie durchgebacken. Die Muffins in der Silikonform 10 Minuten ruhen lassen, aus der Form nehmen und auf einem Kuchengitter abkühlen lassen. Bei einer normalen Backform die Muffins gleich aus der Form nehmen und auf das Kuchengitter legen.

Schokoladen-brownies

Campen ist nicht Campen, wenn man keine Schokoladen-Brownies dabeihat! Sie halten sich ein paar Tage und sind ideal fürs Picknick.

Für etwa 20 Brownies je nach Größe
Fett für die Form
125 g Schokolade, in Stücke gebrochen
125 g Butter
125 g Mehl
½ TL Backpulver
225 g Zucker
2 Eier
125 g Walnüsse, gehackt

Den Ofen auf 180 °C (Gas Stufe 2–3) vorheizen. Eine flache, rechteckige Backform (28 x 18 cm) einfetten.
Schokolade und Butter über dem heißen Wasserbad schmelzen. Mehl und Backpulver vermischen und mit der Schokolade und der Butter sowie mit dem Zucker, den Eiern und den Walnüssen zu einem Teig verarbeiten. Den Teig in die Backform füllen, glatt streichen und 30 Minuten im heißen Ofen backen.
Den Kuchen aus dem Ofen nehmen, 10 Minuten in der Form abkühlen lassen, anschließend in Rechtecke schneiden und diese auf einem Kuchengitter vollständig auskühlen lassen.

Tipp: Nehmen Sie die Eier mindestens 1 Stunde vor der Verarbeitung aus dem Kühlschrank.

Leichter Schokoladenkuchen

Dieser Schokoladenkuchen ist wirklich sehr leicht und wirkt dabei wie ein preisgekrönter Gâteau. Es gibt fast nichts Schöneres, als im Wohnwagen einen Schokoladenkuchen zu backen. Der einzige Nachteil: Sie müssen hinterher einiges abwaschen. Aber das ist der Kuchen allemal wert!

Fett für die Form
150 g Butter
150 g Zucker
3 Eier, verquirlt
150 g Mehl, gesiebt
¾ TL Backpulver
2 gehäufte EL Kakaopulver
1 gehäufter EL griechischer Joghurt

für die Füllung und den Belag
200 g Crème double
120 g griechischer Joghurt
100 g Puderzucker
2 gehäufte EL Kakaopulver
Puderzucker zum Bestäuben

Den Ofen auf 180 °C (Gas Stufe 2–3) vorheizen. Die Backform einfetten oder eine Silikonform verwenden.
Die Butter und den Zucker in eine Rührschüssel geben und mit den Handrührer schaumig rühren. Die Eier unterrühren. Das Mehl mit dem Backpulver und dem Kakaopulver vermischen und ebenfalls unterrühren. Den Joghurt zum Teig geben und alles noch einmal schaumig aufschlagen.
Den Teig in die Form füllen und 25 bis 30 Minuten im Ofen backen. Den Kuchen aus dem Ofen nehmen und abkühlen lassen.
Für die Füllung Crème double, Joghurt, Puderzucker und Kakaopulver vermischen. Die Creme sollte dicklich, aber nicht so fest wie Butter werden. Den Kuchen in zwei Hälften schneiden und die Hälfte der Füllung auf einer Kuchenhälfte verteilen. Die andere Kuchenhälfte darauflegen und den Kuchen mit der restlichen Füllung bestreichen. Mit Puderzucker bestäubt servieren.

Haferkekse

Haferkekse eignen sich hervorragend als Picknickbegleiter, da sie sich so leicht in einer Tupperdose verstauen lassen. Und wenn sie unterwegs ein wenig warm werden, macht das auch nichts, denn dann schmecken sie sogar noch besser. Bei uns ist Ella die Haferkeks-Expertin!

für etwa 20 Haferkekse je nach Größe
Fett für die Form
125 g Butter
50 g Demerara-Zucker (brauner Rohrzucker)
1 EL Rübensirup
225 g Haferflocken

Den Ofen auf 180 °C (Gas Stufe 2–3) vorheizen. Eine flache, rechteckige Backform (28 x 18 cm) einfetten.
Die Butter, den Zucker und den Rübensirup in einen Topf geben und bei schwacher Hitze so lange verrühren, bis sich der Zucker in der Butter aufgelöst hat. Den Topf vom Herd nehmen und die Haferflocken in die Buttermischung rühren. Den Teig in die Form füllen und 20 Minuten im Ofen backen.
Am Ende der Backzeit den Kuchen aus dem Ofen nehmen und vorsichtig in rechteckige Kekse schneiden. Nach dem Abkühlen die Haferkekse in einem luftdicht verschließbaren Behälter aufbewahren.

Buttertoffees

Buttertoffees haben das gewisse Etwas. Wir essen sie nur, wenn wir im Urlaub sind. Sie lassen sich so leicht zubereiten und passen nicht nur in jeden Picknickkorb, sondern schmecken auch wunderbar zum Kaffee nach dem Mittagessen. Ihre Nachbarn auf dem Campingplatz freuen sich sicherlich auch über Buttertoffees als kleines, köstliches Mitbringsel, wenn Sie bei ihnen eingeladen sind.

Fett für das Blech
450 g brauner Zucker
50 g Butter
275 ml Milch
Ein paar Tropfen Vanillearoma

Ein kleines Backblech einfetten. Den Zucker, die Butter und die Milch in einem Topf erhitzen und so lange verrühren, bis sich der Zucker aufgelöst hat. Das Ganze aufkochen und unter Rühren 30 Minuten kochen lassen. Zur Garprobe etwas Toffee in ein Schüsselchen mit kaltem Wasser tropfen lassen: Es sollte sich zu einer kleinen weichen Kugel formen.
Den Herd ausschalten und das Vanillearoma in die Buttermischung rühren. Die Mischung auf das Backblech gießen, glatt streichen und abkühlen lassen. Mit einem scharfen Messer in kleine Quadrate schneiden.

Focaccia

Focaccia ist ein leckeres italienisches Brot, das einfach nach Sommer schmeckt. Sie werden staunen, wie leicht es ist, Focaccia zu backen! Es passt sehr gut zu Salaten.

Olivenöl für das Blech
2 TL Trockenhefe
500 g Weizenmehl Type 550, gesiebt
1 TL Salz
90 ml Olivenöl
1 Zweig Rosmarin
Grobes Meersalz zum Bestreuen

Ein Backblech mit wenig Olivenöl einpinseln. Den Backofen auf 220 °C (Gas Stufe 4–5) vorheizen.
Die Trockenhefe mit dem Mehl vermischen. Das Salz und 4 Esslöffel Olivenöl hinzufügen und krümelig kneten. Eine Vertiefung in den Teig drücken, 300 Milliliter warmes Wasser hineingießen und alles zu einem klebrigen Teig verarbeiten.
Den Vorteig mit bemehlten Händen auf der bemehlten Arbeitsfläche gründlich zu einem glatten Teig verkneten. Die benutzte Schüssel säubern und mit Olivenöl ausstreichen. Den Teig wieder in die Schüssel geben und zugedeckt an einem warmen Ort gehen lassen. Wenn der Teig in der Sonne gehen soll, die Schüssel mit einem feuchten Geschirrtuch bedecken, damit sich auf dem Teig keine Kruste bildet. Der Teig sollte sein Volumen in etwa verdoppeln, was ungefähr 45 Minuten dauert.
Den Teig auf der bemehlten Arbeitsfläche nochmals gründlich durchkneten und anschließend zu einem runden Fladen formen. Mit dem Finger kleine Vertiefungen hineindrücken. Den Rosmarin waschen und trockenschütteln, Die Nadeln vom Zweig streifen und fein hacken. 2 Esslöffel Olivenöl auf dem Brot verteilen und das Brot großzügig mit Rosmarin und Meersalz bestreuen.
Das Brot zunächst 5 Minuten bei 220 °C im Ofen backen, dann die Temperatur auf 200 °C (Gas Stufe 3–4) reduzieren und das Brot in 10 Minuten fertig backen.

Brot

Ein gut ausgestatteter Wohnwagen mit einem Backofen ist der perfekte Ort, um Brot zu backen, und meiner Meinung nach ist das Brotbacken eine elementare Erfahrung. Wenn das frische Brot aus dem Ofen kommt, verströmt es einen überwältigenden Duft. Kinder lieben es, Brot zu backen – wahrscheinlich weil man dabei so viel mit den Händen machen darf. Das folgende Rezept ist sehr einfach und ergibt etwa 10 Brötchen.

Olivenöl für das Blech
600 g Weizenmehl Type 550
1 Prise Salz
15 g Trockenhefe
100 ml Olivenöl

Ein Backblech mit wenig Olivenöl einpinseln. Das Mehl in einer großen Schüssel mit dem Salz und der Trockenhefe vermischen. Eine Vertiefung in die Mitte drücken und 400 Milliliter warmes (nicht heißes!) Wasser sowie das Olivenöl dazugießen. Alles zu einem klebrigen Teig verarbeiten.
Den Vorteig mit bemehlten Händen auf der bemehlten Arbeitsfläche in 5 Minuten zu einem glatten Teig verkneten. Den Teig in die Schüssel zurückgeben und zugedeckt an einem warmen Ort gehen lassen.
Den Backofen auf 220 °C (Gas Stufe 4–5) vorheizen. Wenn der Teig sein Volumen verdoppelt hat, noch einmal mit bemehlten Händen etwa 30 Sekunden lang durchkneten. Nach Belieben zu Brötchen formen, auf das Backblech setzen und 15 Minuten im Ofen backen. Die Brötchen sind fertig, wenn sie eine goldbraune Farbe angenommen haben. Etwas abkühlen lassen und noch warm servieren.

Scones

Es geht doch nichts über eine schöne Tasse Tee! Und wenn Sie in England Urlaub machen, sollten Sie Ihren Tee unbedingt mit einem Klecks Clotted Cream genießen, einer Rahmspezialität aus Devon und Cornwall. Und dazu brauchen Sie natürlich unbedingt auch etwas Gebäck.

Fett für das Blech
225 g Mehl
1 Prise Salz
2 TL Backpulver
3 EL Butter
150 ml Milch
50 g Rosinen nach Belieben
1 Ei, verquirlt

Den Ofen auf 220 °C (Gas Stufe 4–5) vorheizen. Ein Backblech einfetten. Das Mehl in eine Rührschüssel sieben und mit dem Salz sowie dem Backpulver vermischen. Die Butter in Flöckchen dazugeben und mit dem Mehl zu feinen Bröseln verkneten. Die Milch angießen, die Rosinen dazugeben und alles zu einem weichen Teig verarbeiten. Er sollte aber fest genug zum Ausrollen sein.
Den Teig auf der bemehlten Arbeitsfläche etwa 2 Zentimeter dick ausrollen. Kreise mit einem Durchmesser von 6 Zentimetern daraus ausstechen, auf das Backblech legen, mit dem verquirlten Ei bestreichen und 10 Minuten im Ofen backen. Nur leicht abkühlen lassen – am besten schmeckt das Gebäck, wenn es noch warm ist, mit Marmelade.

Kekse mit Schokolade

Unsere Kinder lieben diese Kekse, ebenso wie all ihre Freunde. Es vergeht kaum ein Tag, an dem ich sie nicht backe, und sie schmecken noch besser, wenn sie im Wohnwagen gebacken wurden.
Sie sollten über einen Backofen mit mindestens zwei Einschubleisten verfügen, damit Sie zwei Bleche auf einmal backen können. Dieses Rezept ergibt 15 große Kekse, auf jedes Blech passen 5. Am besten schieben Sie zwei Bleche in den Ofen und »bestücken« das dritte, sobald eines fertig ist. Sie können aber auch die Hälfte des Teigs im Kühlschrank aufbewahren und die zweite Portion ein paar Tage später backen.

Für 15 große Kekse
Fett für das Blech
125 g Butter
150 g grober Zucker
150 g Vollkornweizenmehl, gesiebt
1 TL Backpulver
1 Ei, verquirlt
150 g Schokolade, in kleine Stücke gehackt

Den Ofen auf 200 °C (Gas Stufe 3–4) vorheizen. Ein Backblech einfetten oder mit Backpapier belegen.
Die Butter und den Zucker schaumig rühren. Das Mehl mit dem Backpulver vermischen. Das Ei, das Mehl und die Schokoladenstückchen zur Schaummasse geben und mit dem Handrührer auf höchster Stufe zu einem Teig verkneten. Den Teig zu 15 Kugeln formen, portionsweise auf das Backblech legen und etwas flach drücken. Die Kekse etwa 12 Minuten im Ofen backen.
Am Ende der Backzeit die Kekse aus dem Ofen nehmen, mit einem Palettenmesser sanft vom Blech lösen, aber noch 3 Minuten darauf liegen lassen. Anschließend auf einem Kuchengitter vollständig auskühlen lassen.

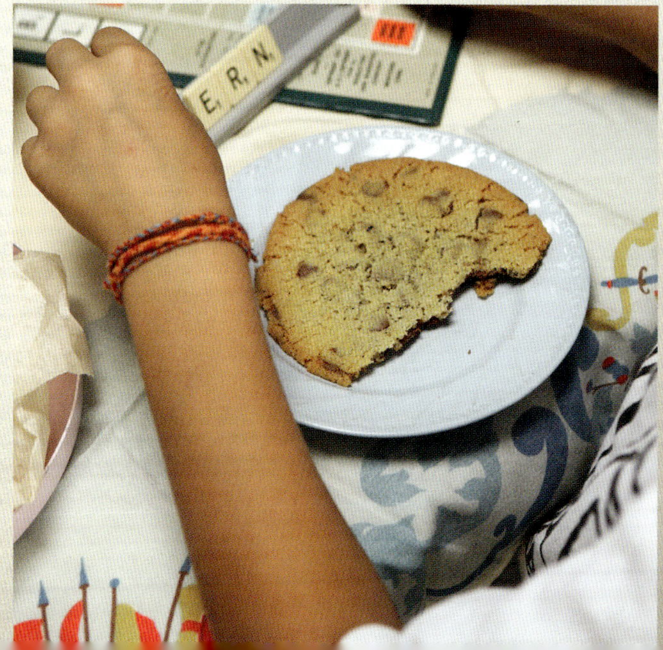

Register

Dank

Mein Dank gilt Anna Cheifetz bei Anova Books, Nikki Nichol vom Caravan Club, Simon und Nick Howard von Bailey Caravans, Wei und Yuki für die wunderbaren Fotos und Georgie für das tolle Layout. Außerdem möchte ich meinen fabelhaften Freundinnen Elisa Anniss, Ellie Gliksten und Charlotte Hudson für ihre unschätzbare Unterstützung danken und meinen wunderbaren Kindern Dan, Ella und Ned, ohne die wir niemals so viele aufregende Wohnwagenabenteuer bestanden hätten. Und schließlich gilt mein Dank meinem wundervollen Mann Rowland, der mich immer wieder ermutigt hat.

Titel der Originalausgabe: *Caravan Cookbook*
Die englische Originalausgabe ist bei Pavilion Books, einem Imprint
von Anova Books Company Ltd, London, erschienen.

Associate Publisher: Anna Cheifetz
Design und Umschlagdesign : Georgina Hewitt
Stylist: Wei Tang
Lektorat: Caroline Curtis
Register: Sandra Shotter

Deutsche Erstausgabe

Ein Unternehmen der La Martinière Groupe

Umschlaggestaltung: Leonore Höfer, Knesebeck Verlag
Lektorat, Satz und Herstellung: VerlagsService Dr. Helmut Neuberger &
Karl Schaumann GmbH, Heimstetten
Printed in China

ISBN 978-3-86873-613-7

www.knesebeck-verlag.de